Nebenjobs mit Pferden

Nebenjobs mit Pferden

Wie man mit seinem Hobby Geld verdienen kann

von Heidi D. Schlosser

CADMOS

Gestaltung und Satz: Ravenstein, Verden
Titelfoto: Slawik
Fotos: Slawik, Schmelzer, Schlosser, Rabeder/Ortner, Moments in Black
Druck: Landesverlag, Linz

Printed in Austria

ISBN 3-86127-548-1

Inhalt

Lord war der Autorin über viele Jahre geliebter Freund und idealer Freizeit-Partner. Ihre Erfahrungen mit ihm bilden die Grundlage für dieses Buch. Foto: Schlosser

Vorwort

Schon als kleines Mädchen wollte ich reiten lernen. Mich faszinierten diese wunderschönen, eleganten Pferde, und vielleicht spielte auch ein Hauch von Nostalgie eine Rolle, mich mit ihnen fortbewegen zu wollen. Leider konnten sich meine Eltern die für sie damals relativ teuren Reitstunden nicht leisten. Erst als ich eigenes Geld verdiente, ließ ich meinen Traum wahr werden: Ich nahm endlich Reitstunden. Prompt verliebte ich mich in eines der Schulpferde, und zwar dermaßen, dass ich es erwarb. Nun war ich stolze Pferdebesitzerin und musste rasch feststellen, dass nicht die Anschaffung des Tieres der große Geldaufwand war, sondern vor allem die Erhaltung des Pferdes: die monatliche Miete für die Stallbox, Zahlungen für den Hufschmied und eventuell für den Tierarzt. Da fielen die Ausgaben für Karotten und Äpfel gar nicht mehr weiter ins Gewicht.

Gott sei Dank erschlossen sich mir bald Möglichkeiten, sozusagen im Nebenjob, mit meinem neuen treuen Freund Geld zu verdienen. Lord, so hieß das Pferd, war ein großer prächtiger Schimmel, der genügend Nervenstärke besaß, um sogar in Film- und TV-Produktionen mitwirken zu können. So agierten wir unter anderem in der Walt Disney-Produktion „Die drei Musketiere", die 1993 in Wien und Umgebung gedreht wurde. Lord war das Pferd für D'Artagnon. Ohne Furcht ging er durch fliegende Kanonenkugel-Attrappen und war begeistert von Verfolgungsjagden.

Auch im Gelände erwies sich Lord als unschlagbar, sodass andere Reiter und Pferdebesitzer sich uns gerne zu kleineren oder größeren Ausritten anschlossen und uns bald dafür nicht nur mit Karotten und Leckerli entlohnten.

Auf diese Art und Weise kamen wir beide leicht über die Runden, und mir die Idee, über Nebenjobs mit Pferden nachzudenken. Leider war Lord ein sehr altes Pferd, er starb 1999 im Alter von 36 Jahren. Einige Ausbildungen, die mich interessiert hätten, konnte ich mit ihm nicht mehr realisieren. Trotzdem fand ich immer wieder Möglichkeiten, die Einstellkosten für mein Pferd zu sichern: mit Horse-Sitting, als Eventmanager und schließlich sogar als rasender Reporter auf Turnieren für eine große Pferdezeitschrift.

Die Erfahrungen, die ich dabei gesammelt habe, möchte ich nicht missen und in diesem Buch an Sie weitergeben. Reiten und die Liebe zu den Pferden ist ein schönes Hobby. Doch man kann noch mehr daraus machen: einen Nebenjob, und bei besonderem Ehrgeiz oder Eifer sogar ein Haupteinkommen. Wie Sie sehen werden: Möglichkeiten gibt es genug!

Der Besitz eines Pferdes bedeutet nicht nur große Verantwortung, sondern auch zahlreiche zusätzliche Pflichten und Kosten. Foto: Slawik

Einleitung

Ende 2004 hatte der Landeshauptmann eines norddeutschen Bundeslandes die glorreiche Idee, Pferde mit Steuern belasten zu wollen. Das Argument des findigen Politikers war, dass Pferdebesitzer ja finanziell gut gestellt seien, daher sollten sie, ähnlich wie Hundebesitzer, jährlich für ihr teures Vergnügen an den Staat Abgaben leisten. Zum Glück wurde diese Idee nicht in die Tat umgesetzt.

Nicht alle Pferdebesitzer und -freunde verfügen über Geld im Übermaß. Oft hat man sein Pferd vor dem Schlachter gerettet oder es aus einem Schulbetrieb frei gekauft. Deshalb ist man noch lange nicht reich! Pferdebesitzer versuchen zu sparen, wo es geht: günstige Einstellplätze, gebrauchte Sättel oder Zaumzeuge und anderes mehr. Und manche überlegen sich auch, wie sie aus ihrem Hobby einen Zusatzverdienst machen können, um ihren Traum nicht aufgeben zu müssen.

Für alle nicht reichen Pferdebesitzer und -freunde habe ich dieses Buch geschrieben. Darin finden sich für jeden

Pferdeliebhaber die unterschiedlichsten Verdienstmöglichkeiten.

Erstens: Nebenjobs für Pferdeliebhaber ohne Reitkenntnisse.

„Solche Nebenjobs gibt es?" wird mancher erstaunt fragen. Aber ja, warum denn nicht? Viele Menschen sind pferdebegeistert, ohne jemals selbst geritten zu sein; manche können auch aus Alters- oder Gesundheitsgründen ihrem reiterlichen Hobby nicht mehr nachgehen. Doch der Enthusiasmus bleibt ungebrochen. Mit Fantasie und Geschick erschließen sich einige Nebeneinkünfte.

Zweitens: Nebenjobs für Pferdeliebhaber mit Basiskenntnissen.

Da hat man nun mehr oder weniger mühsam das Reiten erlernt, doch es reichen weder das Geld noch die Zeit für ein eigenes Pferd. Für all jene Reitsportbegeisterte eröffnen sich dennoch einige Verdienstmöglichkeiten: Wie wäre es mit einem Job als Horse-Sitter, Stall-Sitter oder als Event-Manager?

Drittens: Nebenjobs für Pferdeliebhaber mit profunden Kenntnissen.

Natürlich hat man sich weiterentwickelt, auf Turnieren nicht nur Lorbeeren, sondern auch Erfahrungen gesammelt. Kompetente Trainer oder Lehrer, die ihr Wissen dem Nachwuchs weitergeben, sind immer und überall gefragt und oftmals gut bezahlt! Auch Richter sind dringend gesucht und werden gut entlohnt.

Viertens: Nebenjobs für Pferdeliebhaber mit eigenem Pferd.

Glücklich derjenige, der ein eigenes Pferd besitzt. Doch durch den Kauf eines Tieres übernimmt man nicht nur Verantwortung, sondern hat auch zahlreiche Pflichten und Aufgaben zu erfüllen. Pferde wollen jeden Tag bewegt werden, und wie wir Menschen lieben auch sie die Abwechslung. Auf der Suche nach Abenteuern oder nach neuen Aufgaben mit dem vierbeinigen Freund können sich einige Verdienstmöglichkeiten eröffnen, mit denen man wenigstens einen Teil der Einstellkosten decken kann.

Zu guter Letzt noch ein praktischer Hinweis: Ich habe mich trotz der Tatsache, dass viele Reiter dem weiblichen Geschlecht angehören, dazu entschlossen, bei den diversen Berufsbezeichnungen der Einfachheit halber die maskuline Form zu wählen (außer bei den Pferde-Näherinnen, da ich mir nicht vorstellen kann, dass die Herren der Schöpfung im Umgang mit Nadel und Zwirn begabt sind – oder doch?). Wenn ich daher von Reitern spreche, von Horse- Sittern, Reitlehrern, Therapeuten und anderem mehr, sind selbstverständlich Damen und Herren gemeint.

Ich bin sicher, dass für jeden, der ernsthaft sucht, Ideen und Inspiration in diesem Buch zu finden sind. Viel Spaß bei der Umsetzung!

Achtung Kamera: Unfreiwillige Stürze sind ein beliebtes Thema für Stall-Reporter.
Foto: Slawik

Nebenjobs
für Pferdeliebhaber ohne Reitkenntnisse

Eine eigene Stallzeitschrift

Ich erinnere mich noch gut und gerne an meine Zeit als Schulreiter. Damals war ich stets neugierig, was es im Stall Neues gab. Da ich mich nur ein- oder zweimal in der Woche bei den Pferden aufhielt, bereitete es mir manchmal Mühe herauszufinden, was alles seit meinem letzten Besuch geschehen war: Welches Pferd war ein- und welches ausgezogen? Wer hatte sich schon wieder ungeheuerlich benommen? Wer hatte bei Turnieren welchen Platz errungen, und welcher (Schul-) Reiter war schon wieder vom Pferd geplumpst? Tatsächlich machte ich mir damals mit einigen Freundinnen den Spaß, eine Strichliste zu führen, wer am häufigsten von welchem Pferd gefallen war.

Später, als ich selbst stolzer Pferdebesitzer war, konnte ich mich jeden Tag persönlich von den Helden- oder Missetaten unserer vierbeinigen Freunde überzeugen. Mein eigenes Pferd Lord beispielsweise war ein erklärter Ausreißer.

Immer wieder schaffte er es, in der Nacht seine Boxentüre zu öffnen und im Stallgelände spazieren zu gehen. Dabei war er auch noch frech genug, seine Freunde, einige Ponys, zu befreien und zu seinen nächtlichen Ausflügen mitzunehmen. Am nächsten Morgen hatte das Stallpersonal dann alle Mühe, die Tiere wieder einzufangen. Später wurden diesen Ausflügen, im wahrsten Sinne des Wortes, Riegel vorgeschoben.

Bereits damals hatte ich die Idee, eine Stallzeitschrift herauszugeben. Sie sollte möglichst gut bebildert sein und die Abenteuer oder Erlebnisse von Pferden und Reitern im Stall dokumentieren. Leider gebar ich diese Idee vor dem revolutionären Computerzeitalter, sie wurde daher niemals umgesetzt. Heute hingegen eröffnen sich ganz neue Möglichkeiten: Dank relativ billiger und leicht zu bedienender Software kann jeder halbwegs talentierte Computernutzer ohne großen Aufwand eine eigene Zeitschrift herstellen, Bilder einscannen, sogar komplizierte Tabellen erstellen. Der eigene PC gehört in vielen Haushalten bereits zur Standardausrüstung und kann leicht zur Herstellung einer kleinen Zeitschrift genutzt werden.

Natürlich verfügen viele Ställe bereits über eine eigene Website, die jedoch nur selten laufend aktualisiert wird. Eine Zeitschrift hingegen ist immer noch schneller zur Hand, einfacher herzustellen und wirklich für jedermann zugänglich.

Das Schönste daran: Man muss selbst gar kein Pferd besitzen, ja nicht einmal reiten können. Enthusiasmus und die Freude am Schreiben genügen vollauf, um andere mit den neuesten Stall-Anekdoten zu erfreuen.

Wer war mal wieder schlimm? Die Heldentaten aller Vierbeiner des Stalles werden in der Stallzeitschrift dokumentiert. Foto: Slawik

➲ Was ist zu tun?

Alles, was benötigt wird, ist ein guter Computer mit einer ebenso guten Software, eine Digitalkamera oder ein Scanner, häufige Anwesenheit im Stall, Neugierde und Spaß am Fabulieren.

Natürlich sollte man, bevor man mit diesem Unternehmen startet, zuvor die Genehmigung des Stallbesitzers einholen. Es ist jedoch kaum damit zu rechnen, dass man diesbezüglich auf großen Widerstand stoßen wird: Kaum jemand wird sich weigern und um die Ereignisse im Stall ein Geheimnis machen wollen. Im Gegenteil: Eine Stallzeitschrift ist die beste Werbung für das Haus.

Allerdings sollte man sich davor hüten, allzu ausführlich über die Menschen im Stall zu berichten. So sehr wir alle Klatsch

Gute Stall-Reporter berichten bald über die Ereignisse in allen Ställen der Region. Foto: Slawik

und Tratsch lieben, so konsequent sollte man diesen in einer allgemein zugänglichen Publikation vermeiden. Diverse Techtelmechtel oder sonstige zwischenmenschliche Ereignisse müssen tabu bleiben. Es geht niemanden etwas an, wer sich in wen verliebt, wer mit wem gestritten oder sich wieder versöhnt hat. Menschen sind da verständlicherweise sehr empfindlich und schätzen es nicht, wenn alle darüber informiert sind. Außerdem sind die Streiche der Pferde sowieso spannender und amüsanter.

In einer Stallzeitschrift sollte man sich daher ausschließlich auf die Tiergeschichten konzentrieren: Wer war wieder einmal schwierig? Gibt es Neuzuwachs, wenn ja, woher und wen? Wer konnte auf einem Turnier punkten – oder musste sich blamieren? Wo gibt es preisgünstige Karotten, Äpfel oder nahrhaftes Zusatzfutter? Und schließlich, ganz wichtig: Welche Ereignisse finden in absehbarer Zeit im Stall oder in der Umgebung statt? Gibt es Hausturniere, größere Ausritte, Weihnachts- oder Faschingsreiten oder Pferdeweihen?

Fotos und Interviews von erfolgreichen Pferden oder Reitern runden das Bild ab. Dazu noch ein Tipp: Wer selbst mit der Fotografie nicht vertraut ist oder gar mit ihr auf Kriegsfuß steht, kann sich mit dem später erwähnten Stall- und Hoffotografen zusammenschließen!

Eine eigene Stall-Zeitschrift lässt sich durch Inserate leicht finanzieren. Jedes Pferdesportgeschäft in der Umgebung, jeder Futtermittelhersteller und sogar

Seminarzentren werden sicherlich gerne in dieser Publikation günstige Annoncen schalten, denn das ist Gelegenheit für eine gute Werbung.

Die Zeitschrift sollte wenigstens monatlich erscheinen und kann im Reiterstüberl vertrieben werden. Eventuell präsentiert man sie auch in den Ställen der Umgebung oder in frequentierten Pferdesportfachhandlungen in der Nähe.

➲ Welche Ausbildung ist nötig?

Neugier an den Ereignissen im Stall, Enthusiasmus und Freude am Schreiben stellen eine ausreichende Qualifikation für diese Aufgabe dar. Und natürlich die Fähigkeit mit einem Computer umzugehen. Das wäre bereits alles.

➲ Wie realisiere ich den Job?

In diesem Fall ist es nicht schwer, seine Kunden zu finden. Konsequentes Erscheinen und möglichst unterhaltsame Inhalte sorgen für den erwünschten Erfolg.

Die Zeitschrift muss im Reiterstüberl ausliegen und in den Ställen der Umgebung. Das genügt sicherlich, um auf Interesse zu stoßen. Wer allerdings für ein Heft 20 Euro in Rechnung stellt, darf sich nicht wundern, wenn er auf seinem Produkt sitzen bleibt. Vernünftige Preisgestaltung ist also auch ein wesentlicher Punkt, um auf Dauer ein nettes Zusatzeinkommen zu erwirtschaften.

➲ Wie viel kann ich verdienen?

Große Reichtümer kann man von einer dermaßen spezialisierten Zeitschrift nicht erwarten. Schließlich gibt man ja keine landesweit bekannte Hochglanz-Illustrierte heraus. Aber wer weiß?

Wer sein Können unter Beweis stellt, wird vielleicht von anderen Ställen gebeten, auch für diese eine Zeitschrift herauszugeben. Oder man berichtet bald von den Ereignissen in der gesamten Region. Damit lässt sich durchaus ein monatliches Zusatzeinkommen schaffen, das nicht zu unterschätzen ist.

Mit Nadel, Zwirn und Hirn: Pferde-Näherin

Joe war eigentlich ein braves Pferd. Er bereitete keinerlei Schwierigkeiten, sich führen zu lassen, er vertrug sich auf der Koppel mit beinahe all seinen Kameraden, und beim Reiten war er stets aufmerksam und gehorsam. Sobald Joe jedoch eine Abschwitzdecke tragen sollte oder gar ein Halfter auf der Koppel, vergaß er seinen Ruf, ein braves Pferd zu sein. Joe schaffte es stets, seine Sachen zu zerstören. Auf der Koppel machte er ein Spiel daraus, sich selbst aus seinem Halfter zu befreien, dieses war dann stets so aufgelöst, dass man es als Halfter nicht mehr identifizieren konnte. Auch seine Freunde auf der Koppel erlöste er gerne von diesem lästigen Ding, mit derselben zerstörerischen Konsequenz. Selbst harmlose Führstricke konnte Joe nirgendwo baumeln sehen: Er kaute gern darauf herum, bis sie nicht mehr verwendbar waren.

Joes Lieblingsspielzeug waren jedoch Decken. Sobald er für längere Zeit unbeaufsichtigt eine Decke tragen sollte, schaffte er es ohne Mühe, sich daraus zu befreien und sie in Stücke zu reißen. Da halfen keine noch so trickreichen Gurte oder Riemen, die ebenfalls zerstört wurden.

Sobald Joe für längere Zeit eine Decke tragen sollte, schaffte er es mühelos, diese mehr oder weniger in Stücke zu reißen.
Foto: Slawik

Joes Besitzerin war von seiner Spielleidenschaft verständlicherweise wenig begeistert. Wie viele von uns besaß sie leider keinerlei Näh-Kenntnisse, ja nicht einmal eine Nähmaschine. Bei ihrem Problem mit all den zerstörten Halftern, Stricken und Decken konnte ihr daher niemand helfen. Also kaufte sie stets neue Artikel, wobei sie natürlich nur allzu oft auch die zerstörten Halfter anderer Pferde ersetzen musste.

Offenbar gibt es nur einige wenige Auserwählte, die behände mit Zwirn und Nadeln umgehen können. Eine davon war Maggie. Maggie liebte Pferde, doch zu einer echten Ausbildung konnte sie sich nie aufraffen. Ihre Pferdebegeisterung blieb jedoch, vor allem als die eigenen Kinder reiten lernten. Bald fand Maggie auch Wege, ihre Begeisterung durch einen kleinen Nebenjob in bare Münze umzusetzen. Sie wurde eine Pferde-Näherin, die sich rasch in diversen Ställen einen Namen machte.

➲ Was ist zu tun?

Bei jeder Pferdemesse und auf vielen Reitturnieren bieten Firmen einen Bestickungsservice an, indem sie beispielsweise auf Schabracken oder Pferdedecken die Namen der Lieblinge einsticken. Eine gute Näherin zu finden ist jedoch viel schwerer. Dabei eröffnet sich hier ein lukrativer Nebenjob, bei dem sich auch Fantasie und eigene Kreativität einbringen lassen.

Einer Pferde-Näherin bereitet es keinerlei Mühe, zerrissene Pferde-Decken, Schabracken oder Halfter zu nähen oder wieder instand zu setzen. Auch Stricke, Gamaschen und Ohrenhäubchen stellen für die Pferde-Näherin keine Herausforderung dar. Nicht zu vergessen sind eingerissene Reithosen, Westen oder Jacken, bei denen eine Überarbeitung nötig ist.

Doch wie schon erwähnt, der Fantasie sind keine Grenzen gesetzt. Wer will, kann auch selbst Schönes schaffen: Das Einsticken von Monogrammen oder Namen der Pferde auf den Schabracken ist allgemein verbreitet. Wie wäre es da mit selbst entworfenen Decken, hübschen Accessoires wie eigenen Krawatten oder Jabots, Satteltaschen oder Umhängetaschen, in denen Leckerli verstaut und jederzeit griffbereit sind, individuelle Stirnbänder und anderes mehr.

All dies kann man auf Wunsch der Reiter herstellen, aber auch eigene Produkte anbieten.

Die Pferde-Näherin repariert zerstörte Halfter und Decken oder stellt eigene Kreationen her. Foto: Slawik

➲ Welche Ausbildung ist nötig?

Wer sich als Pferde-Näherin betätigen will, muss nähen können und Spaß daran haben. Eine eigene Nähmaschine ist ebenfalls unumgängliche Voraussetzung für diesen Job. Eine Schneiderlehre ist jedoch nicht wirklich notwendig. Oft sind gerade die gelernten Schneider nicht geschickt oder kreativ genug. Selbst ein eigener Laden ist nicht notwendig. Eine Pferde-Näherin kann in Ruhe zu Hause arbeiten, sich daher auch die Zeit selbst einteilen, sodass sich dieser Nebenjob leicht mit anderen Tätigkeiten vereinen lässt.

Schön gestaltete Stall- oder Satteldecken sind begehrt. Foto: Rabeder/Ortner

➲ Wie realisiere ich den Job?

Maggie war Hausfrau. Das erleichterte ihr vieles, denn bald hatte sie alle Hände voll zu tun – nicht nur dank Joe. Maggie hatte eine Marktlücke entdeckt und reparierte bald die Halfter und Decken von fast allen Ställen in der nördlichen Wiener Umgebung. Nur für zerstörtes Zaumzeug oder für eingerissene Sättel war sie nicht zuständig, das erledigte der Sattler, ebenfalls ein Beruf, der nur noch selten ausgeübt wird.

Wer sich als Pferde-Näherin betätigen will, wirbt am besten mit den eigenen Fähigkeiten und Produkten. Bei Veranstaltungen – bei Pferdemessen, aber auch auf Turnieren – kann man einen Stand einrichten, an dem man kleine Arbeiten sofort verrichtet. Gerade vor wichtigen Ereignissen zerreißen Jacken und Reithosen besonders gern, wir alle kennen das nur zu gut. Da wäre es doch toll, wenn man sogleich professionelle Hilfe finden könnte! Außerdem sind Turniere eine optimale Gelegenheit, selbst gefertigte Waren anzubieten. Oftmals genügt bereits dieser geringe Aufwand, um sich einen Namen zu machen und Kunden anzulocken. Annoncen in Fachzeitschriften oder Anschläge in diversen Reitställen sind ebenfalls eine effektive Werbung, um Kunden zu finden.

Gute Näherinnen sind heutzutage Mangelware und kreative sind erst recht schwer zu finden! Ich bin sicher, dass eine neue Pferde-Näherin bald von Kunden bestürmt wird, den Rest erledigt die Mundpropaganda.

➲ Wie viel kann ich verdienen?

Das ist in diesem Fall nicht einfach zu klären. Wer seine Dienste als Pferde-Näherin anbietet, muss natürlich darauf achten, dass die Reparaturen von Decken oder Halftern günstiger sind als der Neukauf derselben. Warum sonst sollte man sie nähen lassen? Daher empfehle ich, sich in Reitartikelgeschäften nach den aktuellen Preisen zu erkundigen. Diese dienen als Richtlinie für die eigene Arbeit. Selbstverständlich kann man sich in diesen Geschäften auch inspirieren lassen, welche Produkte oder Accessoires gerade angesagt sind. Für selbst kreierte Artikel kann man natürlich nach eigenem Gutdünken den Preis festsetzen. Wenn dieser allerdings unrealistisch hoch ist, wird man auf der Ware sitzen bleiben.

Der persönliche Stall- und Hoffotograf

Ein Bild sagt mehr als tausend Worte. Und ein eigener Videofilm, wenn gut gemacht, kann eine wunderschöne Erinnerung an reiterliche Höhepunkte sein. Das Problem ist: Sobald irgendein großes Ereignis wie etwa ein Turnier, eine reiterliche Prüfung oder eine Jagd stattfindet, hat man mitunter Mühe, seinen Leib-Fotografen oder Videofilmer zu engagieren. Mamas und Papas sind mit Kameras oft genug nicht ausreichend vertraut, sie wollen ja auch zusehen und sich den Spaß nicht durch endlose Knipserei oder Filmerei verderben lassen. Und im Freundeskreis ist es of schwierig ein williges Opfer zu finden, das auf sein freies Wochenende verzichtet.

Fotografen tummeln sich überall, wo eine größere Veranstaltung stattfindet: auf Hochzeiten, bei Erstkommunionen, Firmungen, ja selbst bei Betriebsausflügen sind sie fleißig unterwegs. Nur in Reitställen habe ich professionelle Fotografen noch selten angetroffen.

Als ich an der ersten Jagd meines Lebens teilnahm, war niemand da, der dieses Ereignis auf Film bannen konnte.

Und ich selbst musste ja reiten. Bei Prüfungen, Reitpass und Lizenz war zwar eine Freundin mit der Kamera unterwegs. Doch da sie sich im Stall nicht gut genug auskannte und ihr der Ablauf der Prüfungen nicht geläufig war, gelang es ihr nur teilweise einen schönen Erinnerungsfilm zu drehen. Dabei wurde sie von anderen Amateurfilmern häufig behindert.

Hier bietet sich nun eine Gelegenheit für alle versierten Hobbyfotografen und Videofilmer, ein neues Betätigungsfeld zu finden: Als Hof- und Stallfotograf.

Auf allen größeren Events tummeln sich zahlreiche mehr oder weniger professionelle Fotografen. Foto: Slawik

➲ Was ist zu tun?

Schluss mit den vielen Mamas, Papas, Onkeln, Tanten und Großeltern, die die reiterlichen Bemühungen ihrer Sprösslinge nicht verfolgen können, weil sie fotografieren oder filmen müssen. Her mit den Profis!

Eigene Stall- und Hoffotografen können alle kleineren und größeren Ereignisse im Stall festhalten: die Turniere, die Prüfungen, das Faschings- oder Weihnachtsreiten, vielleicht sogar nur eine einfache Reitstunde. Zu diesem Zweck ist es natürlich notwendig, dass der Stallfotograf mit den Gegebenheiten des Hauses bestens vertraut ist. Er weiß, wo sich die große oder die kleine Halle befindet, wo das Gelände, der Parcours und der Abreitplatz sind. Ebenso kennt er die Abläufe bei Prüfungen oder Turnieren, sodass er nicht mehr mühsam den Stall absuchen muss, um endlich zu seinem Reiter zu kommen. Der Stallfotograf kann bei jedem Ereignis munter drauf los fotografieren oder filmen und allen Beteiligten, den Reitern und den Zuschauern eine Freude bereiten.

Schöne Fotos von einer erfolgreichen Turnier-Teilnahme gehören ins Fotoalbum jedes Reiters. Foto: Schmelzer

Für spätere Jagden fand ich übrigens einen Videofilmer, der die Ereignisse festhielt. Dazu war Michael ein echtes

Die Qualität eines professionellen Videofilms hängt nicht nur von einer guten Ausrüstung, sondern vor allem vom richtigen Blickwinkel ab.
Foto: Rabeder/Ortner

Moderationstalent. Er gab stets witzige Kommentare ab und interviewte die Teilnehmer während der Pause und nach der Jagd zu ihren persönlichen Eindrücken. Wir hatten alle einen Riesenspaß, als wir uns nach absolviertem Ritt gemütlich im Stüberl den Film ansahen.

Doch nicht nur bei Großereignissen kann ein Hoffotograf aktiv werden. Jeder Pferdebesitzer freut sich über gelungene Porträts seines Lieblings in allen möglichen und unmöglichen Situationen. Darüber hinaus kann gerade im Unterricht ein Videofilm von großem Nutzen sein. Kein Reiter sieht sich selbst auf dem Pferd. Ein Film kann da oft mehr helfen als so manche Bemühungen eines Reitlehrers. In diesem Zusammenhang ist die Mitarbeit eines Hoffotografen sogar äußerst nützlich und hilfreich.

➲ Welche Ausbildung ist nötig?

Man muss kein ausgebildeter Fotograf oder Videofilmer sein, um sich als Stall- und Hoffotograf zu etablieren. Es gibt viele Amateure, die ebenso versiert sind wie mancher Profi, und manchmal sogar mit größerem Eifer und Enthusiasmus bei der Sache.

Natürlich ist das Equipment wichtig. Heutzutage gibt es hervorragende Digitalkameras sowie exzellente und leichte Camcorder schon zu recht günstigen Preisen. Doch wie beim Nähen entscheidet auch hier das Können! Nicht die teure Ausrüstung macht das schönste Bild oder den besten Film, sondern das Gefühl für das Visuelle und zu guter Letzt der Spaß an der Sache.

➲ Wie realisiere ich den Job?

Tatsächlich ist die Kundenakquirierung immer die schwierigste Aufgabe zu Beginn eines Jobs. Wer sich als Stall- und Hoffotograf etablieren will, muss sich zuerst bei diversen Stallbesitzern erkundigen, ob seine Dienste erwünscht sind. Dann können Anschläge in den Ställen oder Annoncen in diversen Fachzeitschriften hilfreich sein.

Oftmals muss man erst investieren, um Kunden zu gewinnen. Ein Hoffotograf kann beispielsweise schon vorab Porträts diverser Pferde aufnehmen und sie im Stüberl zum Verkauf aushängen. Auch hier ist übrigens der Fantasie keine Grenze gesetzt. Wie wäre es mit selbst angefertigten persönlichen Kalendern mit den Fotos der Lieblinge zur jeder Jahreszeit? Ebenso sind schön gestaltete Fotoalben immer gefragt. Ich bin sicher, dass ein kreativer Stall- und Hoffotograf bald mit Aufträgen überschüttet wird. Auch die Herstellung von Werbe-Mappen kann von Nutzen sein. Diese liegen in diversen Reitstüberln aus und preisen das Können und vor allem die Vorteile eines Hoffotografen an.

Stall- und Hoffotografen sind eine echte Marktlücke – also ran ans Werk!

➲ Wie viel kann ich verdienen?

Wie bei den meisten freien Nebenjobs richtet sich das Gehalt nicht nach den Arbeitsstunden, sondern nach der Ware. Allerdings kann heute jeder leicht, schnell und kostengünstig Fotos selbst herstellen. Auch dies muss man bei seinem Honorar berücksichtigen. Daher ist es sehr schwierig, hier konkrete Preise oder Verdienstmöglichkeiten zu benennen. Sie müssen individuell besprochen werden.

Zu guter Letzt noch ein Tipp: Es gibt immer mehr Maler und Zeichner, die Pferdeporträts anbieten. Dies ist ebenfalls eine Möglichkeit, seine Hobbys und Fähigkeiten – Reiten und Zeichnen – in Einklang zu bringen. Und wenn man noch Talent für Karikaturen hat, ist man sicher bald als Stallzeichner gefragt.

Außergewöhnliche Portrait-Fotos des vierbeinigen Lieblings finden immer reißenden Absatz. Foto: Slawik

Der Koppel-Gärtner kontrolliert täglich die Beschaffenheit der Weide, entfernt den Mist und repariert defekte Zäune. Foto: Rabeder/Ortner

Der Gärtner wird´s schon richten: Koppel-Gärtner

Je größer der Stall, desto weniger Arbeit wollen sich Pächter oder Stallbesitzer damit aufbürden. Immer häufiger kommt es vor, dass Koppeln oder Weiden an die Einsteller einfach vermietet werden. Der arme Pferdebesitzer sieht sich außer mit zusätzlichen Kosten, um seinem Liebling den Koppelgang zu ermöglichen, auch noch mit einer weiteren Arbeit konfrontiert: Koppeln und besonders Weiden müssen gewartet werden, der Pferdemist ist regelmäßig zu beseitigen, der Boden zu ebnen oder Wasser abzupumpen, Gras muss angepflanzt, Unkraut entfernt werden und anderes mehr.

Den zahlenden Einstellern, die heutzutage immer häufiger unter Zeitnot leiden, diese aufwändige Arbeit abzunehmen, ist das ideale Betätigungsfeld für einen Koppel- oder Weide-Gärtner.

➲ Was ist zu tun?

Der Koppel-Gärtner übernimmt die gesamte Wartung von Koppel und Weide. Diese Wartung umfasst einen vielfältigen Aufgabenbereich, der in Eigenverantwortung zu erledigen ist.

Fachgerechte und konsequente Wartung der Weide sorgt dafür, dass unseren Pferden stets frisches Gras zur Verfügung steht.
Foto: Slawik

Eine der wichtigsten Tätigkeiten ist das Ebnen der Böden: Ich kannte einen Stall, dessen Koppeluntergrund von lehmartiger, schwerer Beschaffenheit war. Sobald es regnete, wurde der Boden so tief, dass man sogar mit den Reitstiefeln darin stecken blieb. Gleichzeitig schufen Reiter und Pferd mit ihren Fuß- und Hufabdrücken eine Kraterlandschaft, die nach dem Auftrocknen gefährlich wurde. Verstauchte Knöchel, gezerrte Sehnen, ja sogar Hufprellungen waren die Folgen dieses schwierigen Bodens.

Der Koppel-Gärtner wird sich darum kümmern, dass diese Gefahren gebannt sind. Er sorgt für ebene, ungefährliche Böden, pumpt eventuell Regenwasser ab, beseitigt den Pferdemist ebenso wie Unkraut oder gar giftige Pflanzen auf den Weiden, versorgt das Gras (meistens muss er es nicht mähen, das erledigen die Pferde selbst), und sät im Bedarfsfall neues Gras nach. Daneben bannt er weitere Unfallgefahren, die auf Koppeln entstehen können durch defekte Absperrungen, hervorstehende Drähte von Zäunen oder ungewohnte Hindernisse.

Damit nimmt der Koppel-Gärtner dem Pferdebesitzer, der die Koppel gemietet hat, oder dem Stallbesitzer, der sich nicht auch noch darum kümmern will, viel Arbeit ab. Wichtig ist die Regelmäßigkeit dieses Dienstes: Auf Koppeln und Weiden muss jeden Tag nach dem Rechten gesehen werden, um potenzielle Gefahrenquellen auszuschalten.

➲ Welche Ausbildung ist notwendig?

Um Koppel-Gärtner zu werden bedarf es einiger Grundkenntnisse in der Gärtnerei und in der Pflanzenkunde, zum Beispiel: Welche Pflanze ist für Pferde giftig? Wann säe ich am sinnvollsten frisches Gras nach? Dieses Wissen kann man sich jedoch mit dem entsprechenden Interesse leicht aneignen.

Handwerkliches Geschick, um Zäune zu reparieren, erweist sich natürlich ebenfalls als Vorteil. Und selbstverständlich sollte man mit diversen Geräten im Umgang geübt sein: Einen Traktor kann man unter Umständen vom Stallbesitzer leihen, über Harke, Rechen, Schaufel und Kübel sollte man vielleicht selbst verfügen. Doch niemand muss ausgebildeter Gärtner sein, um dieser Tätigkeit nachzugehen. Wichtig sind neben Geschick und Genauigkeit absolute Zuverlässigkeit und Spaß an der Arbeit.

➲ Wie realisiere ich den Job?

Es empfiehlt sich die übliche und bewährte Vorgehensweise: Anschläge in Reiterstüberln und persönliche Gespräche mit den Stallbesitzern oder mit den Koppelmietern. Das Weitere erledigt dann die Mundpropaganda.

➲ Wie viel kann ich verdienen?

Zugegeben: Große Reichtümer wird man als Koppel-Gärtner nicht anhäufen können. Leider stimmt auch in diesem Fall die Regel: je anstrengender die Arbeit, desto weniger kann man damit verdienen. Daher zählen in diesem Falle Qualität und Quantität: Wie groß ist die Koppel? Wird sie nur als Auslauf verwendet oder hat sie eine Grasnarbe? Von wie vielen Pferden wird sie benutzt? All diese Faktoren müssen bei der Lohnberechnung berücksichtigt werden. Daher lassen sich keine allgemein gültigen Richtlinien für die Bezahlung aufstellen. Wie so oft muss das Gehalt individuell abgesprochen werden. Immerhin kann sich der Koppelgärtner über ein regelmäßiges Zusatzeinkommen freuen, denn: Es gibt immer etwas zu tun.

Nebenjobs für Pferdeliebhaber mit Basiskenntnissen

Das Pferd allein zu Haus: Horse-Sitter

Pferde sind hoch empfindliche Wesen, die man nicht zu lange sich selbst überlassen sollte – der Horse-Sitter bietet hier verlässlich und kompetent Hilfestellung. Foto: Slawik

Alle Jahre wieder! Spätestens zur Urlaubszeit stellt sich für alle Tierbesitzer die Frage: Wohin mit meinem vierbeinigen Liebling? Wer versorgt Wuffi, Mieze und – noch schwieriger – mein Pferd, wenn es mich endlich einmal in ferne Länder zieht?

Für Hunde und Katzen haben sich schon längst das Cat-Sitting und Dog-Walking etabliert. In jeder größeren Stadt verdienen sich Studenten oder Schüler Taschengeld, indem sie mit den Hunden der Nachbarn, eines Bekannten oder Verwandten spazieren gehen, diese füttern und mit ihnen spielen. Auch Cat-Sitting-Clubs haben sich als Renner erwiesen. Die ursprüngliche Idee war, dass sich Katzenbesitzer mit der Betreuung ihrer Tiere abwechseln: Wenn Frau H. auf Urlaub ist, versorgt Herr N. ihre Katze: Er füttert sie, säubert das Katzenklo, spielt und schmust sogar mit dem Stubentiger. Ist Herr N. unterwegs, übernimmt Frau H. dieselben Aufgaben für seine Katze. Doch nicht jeder will oder kann sich auf diesen Tauschhandel einlassen. Mittlerweile kümmert sich der professionelle Cat-Sitter gegen Entgelt um die ihm anvertrauten Katzen, wenn deren Besitzer verreist, krank oder anderweitig verhindert sind. Diese bezahlen für die Dienste und sind nicht mehr genötigt, sich im Gegenzug um das Tier eines anderen kümmern zu müssen. Wie schon gesagt: Cat-Sitting-Clubs boomen und haben sich bestens bewährt.

Warum ist noch kaum jemand auf die Idee gekommen, dieses System bei Pferden einzuführen? Ich kenne einige Pfer-

Der tägliche Koppelgang ist durch professionelle Betreuung auch bei Abwesenheit des Besitzers gewährleistet. Foto: Slawik

debesitzer, die seit Jahren auf eine Urlaubsreise verzichten, weil sie niemanden finden konnten, der sich während ihrer Abwesenheit um ihr Tier gekümmert hätte. Außerdem gibt es zahlreiche Pferde, die oft tagelang alleine und verlassen 24 Stunden in ihren Boxen stehen müssen, weil ihre Besitzer beruflich zu stark eingespannt sind, um wenigstens noch am Abend zu ihren Schützlingen zu fahren und diese zu bewegen.

Natürlich: Ein Pferd ist nicht so leicht zu versorgen wie andere Haustiere. Ihr Futter erhalten Pferde zumeist bereits im Stall. Doch was ist mit dem Koppelgang und mit der täglich notwendigen Bewegung? Wer achtet darauf, dass das Pferd seine Medikamente bekommt und diese sicher frisst? (Wer ein Pferd besitzt, kennt die Probleme, ihm Arzneien zu verabreichen.) Und wer ist zur Stelle, wenn irgendetwas passiert? Ein Gerangel auf der Koppel, eine unglückliche Bewegung, schon ist eine Sehne gezerrt oder ein Gelenk verstaucht. Pferde zu hüten ist also tatsächlich um einiges schwieriger als auf Hund und Katze acht zu geben. Trotzdem oder gerade deshalb kann man gerade diese hoch empfindlichen Tiere nicht einfach tage- oder gar wochenlang sich selbst überlassen.

Ich halte die Idee des Horse-Sitters für großartig und für längst überfällig. Dazu lässt sie sich mit relativ geringem Aufwand in die Tat umsetzen.

➲ Was ist zu tun?

Zuallererst sollten Horse-Sitter möglichst zeitlich flexibel und mobil sein, damit sie bei Bedarf jederzeit ihren Schützling erreichen können. Pferdehaltungen befinden sich größtenteils außerhalb der Ballungszentren und sind oft ohne Auto schwer erreichbar.

Der Horse-Sitter kümmert sich ebenso wie der Besitzer darum, dass das Pferd in allen wichtigen Bereichen versorgt wird. Futter erhalten die Tiere heute meist im Stall, und kaum jemand muss noch Boxen ausmisten. Aber der Horse-Sitter sorgt dafür, dass das Pferd in den Genuss des Koppelganges kommt; dass es Medikamente erhält, seine Wunden versorgt werden und es eventuell sogar geritten wird. Die Ansprüche richten sich nach den Bedürfnissen des Tieres und nach den Wünschen des Besitzers.

Daher ist es etwas schwierig, das Berufsbild des Horse-Sitters exakt zu definieren. Die Aufgabenbereiche müssen individuell abgestimmt werden. Es empfiehlt sich, diese vorab abzusprechen, damit es im Nachhinein zu keinen Missverständnissen kommt.

Manche Pferdebesitzer lehnen es grundsätzlich ab, dass ihr Tier von jemand anderem als ihnen selbst geritten wird; manche wollen bloß nicht, dass man im Gelände ausreitet oder sich am Dressurviereck versucht; wieder andere hingegen wünschen sich eine Rundum-Versorgung und überlassen alles dem Betreuer.

Es ist daher äußerst empfehlenswert, im Voraus einen schriftlichen Vertrag abzufassen, der den Horse-Sitter vor eventuellen Unklarheiten schützt. Darin sollten unmissverständlich die Aufgabenbereiche und Verantwortungen geklärt sein: Reiten ja oder nein, nur Dressur oder auch im Gelände? Darf man mit dem Pferd springen oder nicht? Koppelgang, das Verabreichen von Medikamenten, Wundversorgung und anderes. Wer haftet bei eventuellem Schaden? (Der Horse-Sitter kann wohl nicht bei Koppelverletzungen zur Verantwortung gezogen werden). Welcher Tierarzt und Hufschmied ist im Bedarfsfall zu informieren? Auch die Eigenheiten des Pferdes dürfen nicht vergessen werden: Mit wem verträgt es sich auf der Koppel und mit wem nicht? Bekommt es irgendein Zusatzfutter? Wie steht es mit der Versorgung mit Karotten oder Leckerli?

Zu guter Letzt sollte man sich ganz realistisch bezüglich der Entlohnung einigen (wie viel für welche Dienste?). Ist das Entgelt im Voraus oder nach getaner Arbeit zu leisten? Ich empfehle, einen Teil zuvor und einen Teil danach zu vereinbaren.

Natürlich sollte grundsätzlich zwischen dem Horse-Sitter und dem Pferde-Besitzer ein Vertrauensverhältnis bestehen. Trotzdem ist nach meinen Erfahrungen eine lediglich mündliche Abmachung oftmals nicht ausreichend. Ein schriftlicher Vertrag, von beiden Parteien unterzeichnet, schützt beide vor Unklarheiten, Missverständnissen oder wechselseitigen Haftungsansprüchen und ist dringend anzuraten.

Die Aufgaben des Horse-Sitters müssen klar definiert sein. Reiten – ja oder nein? Ausritte – erwünscht oder nicht? Ein Vertrag bietet hier Hilfe.
Foto: Slawik

➲ Welche Ausbildung ist notwendig?

Noch benötigt niemand einen Hundeführerschein und ich habe auch noch nie von Kursen für Cat-Sitter gehört, die vorab zu absolvieren wären. Daher ist rein rechtlich gesehen auch für das Horse-Sitting keine spezielle Ausbildung nötig.

Vernünftigerweise allerdings wird niemand diesen Job ausüben, der noch nie ein Pferd geritten oder mit Pferden zu tun gehabt hat.

Daher sollte der künftige Horse-Sitter entweder den Besitz eines Reitpasses vorweisen können oder über entsprechende (nachweisliche!) Praxis im Umgang mit Pferden verfügen. Noch besser ist es, wenn er selbst Besitzer eines Pferdes ist und diese Erfahrungen einbringen kann. Eine Alternative stellt die Ausbildung zum Pferdesamariter dar, in der man (fast) alles über die Betreuung dieser Tiere lernt. Kurse zum Pferdesamariter werden in vielen größeren Ställen im Rahmen von Wochenendseminaren angeboten und schließen mit einer Prüfung und mit einem Zertifikat ab. Auskünfte dazu erhält man bei allen Landesfachverbänden; Seminare werden oftmals auch in einschlägigen Pferdefachzeitschriften inseriert.

Wenn alle Details der Pferdeversorgung abgesprochen sind, steht einem schönen Urlaub nichts mehr im Wege. Foto: Schmelzer

➲ Wie realisiere ich den Job?

Wie bei den ursprünglichen Cat-Sitting-Clubs kann Horse-Sitting zumindest teilweise auf Gegenseitigkeit beruhen. Ein Pferdebesitzer gibt auf das Tier eines anderen acht, wenn dieser aus beruflichen oder krankheitsbedingten Gründen nicht im Stande ist, sich um sein Pferd zu kümmern – und umgekehrt.

Bei einer längeren Urlaubsvertretung oder Krankheit empfehle ich trotzdem, sich für das Horse-Sitting bezahlen zu lassen. Leider tendieren ja gerade Frauen und junge Mädchen dazu, diese Arbeit aus Idealismus und Freude am Umgang mit dem Pferd unentgeltlich zu leisten. Ich appelliere an dieser Stelle, endlich damit aufzuhören. Wer ein Pferd versorgt, es auf die Koppel führt, pflegt, vielleicht sogar auch noch reitet und füttert, leistet Arbeit, die ein hohes Maß an Verantwortung verlangt und dementsprechend bezahlt werden sollte. Damit ist garantiert, dass sich der Horse-Sitter seines Wertes bewusst ist, zuverlässig seine Aufgaben erfüllt und nicht einfach einmal einen Tag keine Lust hat. Der Besitzer kann sich darauf verlassen, dass sein Tier sicher versorgt wird, und der Betreuer wird für seine Verdienste entlohnt und anerkannt.

Doch wie finde ich nun Kunden für meine Tätigkeit? Bei regelmäßiger Anwesenheit in einem Reitstall ergeben sich die ersten Horse- Sitting-Aufgaben meist von selbst und beruhen – zumindest bei nur tageweiser Betreuung – auf Gegenseitigkeit.

Selbstverständlich kann man im eigenen Stall und in Nachbarställen Anschläge anbringen, in denen man als zuverlässiger Pferdebetreuer seine Dienste anbietet. Später, wenn man sich durch Mundpropaganda einen Namen gemacht hat, kann man auch in einschlägigen Fachzeitschriften inserieren oder gegebenenfalls Informationsmaterial in Form von Werbe-Faltblättern in Tierarztpraxen oder Reitsportfachgeschäften auslegen.

➲ Wie viel kann ich verdienen?

Mein erster Schützling, für den ich das Horse-Sitting übernahm, war ein frecher rabenschwarzer Araberhengst. In dem Stall, in dem er sich befand, mussten die Besitzer noch für alles selbst Sorge tragen: für den Koppelgang, für die Fütterung, sogar die Boxen mussten selbst ausgemistet werden.

Mit dem kleinen Araberhengst verband mich bald eine enge Freundschaft. Er begrüßte mich jeden Morgen wiehernd, wenn er nur den Motor meines Autos hörte. Ich stellte ihn auf die Koppel, während ich seine Box ausmistete, und anschließend unternahmen wir noch recht schnelle Ausritte ins Gelände. Ab und zu ritt ich auch Dressur mit ihm, wofür sich der kleine Hengst besonders begabt zeigte. Schließlich versorgte ich am Abend noch seine hartnäckige Mauke mit einer Wundsalbe und ihn selbst mit Karotten und Äpfeln als leckerem Dessert. Für die einwöchige Betreuung erhielt ich umgerechnet 150 Euro. Kein schlechter Verdienst für eine relativ angenehme Arbeit, die mir darüber hinaus auch noch große Freude bereitete.

Wie viel man sich für seine Tätigkeit als Horse-Sitter bezahlen lässt, ist individuell sehr verschieden und hängt vor allem von den Aufgabenbereichen ab. Für eine einwöchige Urlaubsvertretung mit täglicher Betreuung inklusive Reiten sollten aber schon 100 bis 200 Euro möglich sein. Tageweise Vertretungen können zehn bis 15 Euro kosten, allerdings wird niemand sogleich fünf Euro verrechnen, wenn er das Pferd eines anderen auf die Koppel führt. Die Verdienstmöglichkeiten sind daher sehr unterschiedlich und müssen individuell abgesprochen werden.

Reich wird man durch Horse-Sitting nicht. Doch man gewinnt an Erfahrung. Und für all jene, die kein eigenes Pferd besitzen, bietet es die Möglichkeit, mit diesen Tieren Kontakt zu haben und dafür auch noch bezahlt zu werden.

Ich allein im Haus: Stall-Sitting

Nicht nur Pferdebesitzer müssen oft genug auf ihren Urlaub verzichten, weil sie keine Betreuung für ihren vierbeinigen Liebling finden. Reitstallbesitzern, so wurde ich belehrt, ergeht es da auch nicht viel besser.

Gerade kleine Ställe sind oft Familienbetriebe und werden von ein oder zwei Menschen geführt, die sich kaum reguläre Angestellte leisten können – manchmal sogar nicht einmal einen Pferdepfleger. Das Ausmisten der Boxen, den Koppelgang, die Pflege und Fütterung der Pferde, das alles muss der Stallbesitzer selbst erledigen. Die Wartung der Reitanlage und schließlich die Betreuung des Stüberls gehören ebenfalls zu seinen Pflichten.

Da ist es nur zu verständlich, dass auch Reitstallbesitzer ab und zu einen Urlaub brauchen. Und damit sie nicht länger darauf verzichten müssen, eilt ihnen der Stall-Sitter zu Hilfe.

Beim Stall-Sitting geht es in erster Linie darum den laufenden Betrieb aufrecht zu erhalten. „Business as usual" ist gefragt! Foto: Schmelzer

➲ Was ist zu tun?

In den USA ist das so genannte House-Sitting schon lange bewährt. Vor allem wohlhabende Haus- oder Villenbesitzer scheuen sich, ihr Anwesen zu lange unbeaufsichtigt leer stehen zu lassen. Der House-Sitter wohnt während des Urlaubes oder während der kurzfristigen Abwesenheit des Besitzers in dessen Haus, erledigt anfallende Arbeiten und bietet durch seine Anwesenheit Schutz vor Einbruch oder Diebstahl. Im deutschsprachigen Raum hat sich das House-Sitting noch nicht durchgesetzt. Sind wir da zu wenig vertrauensvoll?

Das Stall-Sitting ist jedoch eine wesentlich komplexere und verantwortungsvollere Aufgabe als das bloße Haushüten. Es geht hier nicht nur darum, Eigentum zu schützen, sondern vor allem um die Aufgabe, einen Betrieb weiter zu führen. Der Stall-Sitter muss daher imstande sein all die Arbeiten, die im Normalfall dem Stallbesitzer zufallen, zu erledigen: das Ausmisten der Boxen, die fachgerechte Versorgung der Pferde, die Wartung der Halle, des Viereckes und der gesamten Reitanlage, die Organisation von Futtermitteln und Einstreu und schließlich die Leitung des Reiterstüberls inklusive eventuell der vorläufigen Weiterführung der Buchhaltung. Handwerkliches Geschick, Kenntnisse im Umgang mit Pferden und deren Haltung und gegebenenfalls sogar in einfacher Buchhaltung sind unabdingbare Voraussetzungen, die ein Stall-Sitter mitbringen muss. Gleichzeitig sollte er oder sie – wie der Besitzer selbst – rund um die Uhr im Stall anwesend sein, für eventuelle Notfälle bei Pferd oder Reiter.

Wie man sieht, handelt es sich beim Stall-Sitting um eine äußerst anspruchsvolle Aufgabe, die nicht nur die Erfahrung in der Führung eines Betriebes, sondern auch eine gewisse persönliche Unabhängigkeit voraussetzt. Wer zuhause eine eigene Familie zu betreuen hat, wird kaum die notwendige Zeit für Stall-Sitting aufbringen können.

Verständlich, dass Stallbesitzer händeringend nach Personen suchen, die gewissenhaft, vertrauenswürdig und zeitlich unabhängig sind. Und ebenso ist es verständlich, dass sich das Stall-Sitting nicht für junge unerfahrene Mädchen eignet, sondern eher für Damen oder Herren mit einer gewissen Lebenserfahrung.

Noch viel mehr als beim Horse-Sitting ist daher beim Stall-Sitting unbedingt ein Vertrag notwendig, der beide Seiten rechtlich absichert und die Verantwortungen klärt.

➲ Welche Ausbildung ist notwendig?

Natürlich sollte man mit den Abläufen und mit den Aufgaben im Stall vertraut sein, bevor man sich um den Job als Stall-Sitter bewirbt. Da jedoch jeder Betrieb von seinem Besitzer individuell geführt wird, ist es unumgänglich, dass der Stall-Sitter in seine Aufgaben eingewiesen wird: Wie funktioniert der Tagesablauf? Wann wird ausgemistet, gefüttert? Wann findet der Koppelgang statt? Welches Pferd kommt mit wem auf die Koppel oder Weide? Wo werden Futtermittel bestellt? Wie wartet man die Halle und das Viereck? Welcher Reiter gehört zu welchem Pferd? Wer wird im Notfall informiert? Wie wird das Stüberl geführt? Wer übernimmt die Buchhaltung?

Der Stall-Sitter muss in die gesamte Tages-Routine eingewiesen werden, sodass es sicher mehr als eines Tages bedarf, um ihn auf seine Aufgabe vorzubereiten. Erst wenn der Stall Sitter diese kurze Lehre absolviert hat, und – unbedingt wichtig – der Vertrag und das Gehalt festgelegt worden sind, kann der Stall-Sitter seines Amtes walten und der Besitzer beruhigt in den Urlaub fahren.

➲ Wie realisiere ich den Job

Ich kann mir nicht vorstellen, dass irgendjemand eines Tages beschließt, ein Stall-Sitter zu werden, und dann loszieht, um nach Arbeit zu suchen. Ich glaube, dass man gerade in diesen Aufgabenbereich mehr oder weniger hineingedrängt wird. Da ist zum Beispiel ein Reiter, oder ein Einsteller im Stall, der den Besitzer gut kennt, und schließlich dazu aufgefordert wird, sich als

Ausmisten zählt häufig zu den Pflichten eines Stall-Sitters. Foto: Slawik

Die Tages-Routine des Aushilfs-Stallbesitzers verlangt oftmals gute körperliche Kondition. Foto: Slawik

Stall-Sitter zu betätigen. Wie eingangs erwähnt, ist ein hohes Maß an Vertrauen zwischen Stall-Sitter und Reitstallbesitzer nötig, bevor man mit dieser Aufgabe betraut wird. Oft existiert dieses Vertrauen, bevor der Stallbesitzer beschließt, in Urlaub zu fahren und seinem Stall-Sitter den Betrieb zu überlassen.

Trotz dieses Vertrauens und bei aller Freundschaft sollte man unbedingt einen schriftlichen Vertrag aufsetzen, damit auch nachher die Freundschaft ungebrochen ist.

Hat man sich in diesem Job einmal bewährt und erhält man vom Stallbesitzer ausgezeichnete Referenzen, kann man versuchen, auch in anderen Ställen seine Dienste anzubieten. Allerdings muss man sich darauf einstellen, wieder neu zu lernen und einen neuen Vertrag aufzusetzen.

Grundsätzlich ist zu einem solchen Vertrag Folgendes zu sagen, das auch für andere ähnliche Kontrakte gilt: Je detaillierter, umso besser! Mündliche Absprachen sind im Zweifelsfall schwer zu beweisen, und schnell ist der schlimmste Streit im Gange.

Die Vereinbarung zwischen Stall-Sitter und Eigentümer wird in der Regel als Werkvertrag abgeschlossen, wobei hier der Stall-Sitter zum zeitlich begrenzten Dienstnehmer wird. Sämtliche Haftungsfragen sind im gesetzlich geregelt, und es empfiehlt sich, vor Unterzeichnung eines solchen Vertrages einen Blick auf den betreffenden Gesetzestext zu werfen.

In der Folge finden Sie ein Beispiel für eine mögliche schriftliche Vereinbarung zwischen Stallbesitzer und Stall-Sitter, die Sie im Ernstfall vorab noch mit einem Juristen abklären können:

Der Eigentümer der Reitanlage/des Stalles (Name und Adresse),
Herr./Frau .... betraut für die Zeit vom .... bis ....
Herrn/Frau .... als Stall-Sitter mit folgenden Aufgaben und Kompetenzen:

1. Wartung der Reitanlage
   (detaillierte Angabe der erwarteten Wartungsarbeiten),
2. Organisation und Leitung des Betriebes
   (Was muss organisiert werden?
   Welche Pflichten umfasst die Leitung des Betriebes?)
3. Weiterführung der Buchhaltung
4. Führung des Reiterstüberls
   (Auflistung der dafür notwendigen Tätigkeiten)

Herr/Frau .... verpflichtet sich für die Dauer der Abwesenheit von
Herrn/Frau .... die oben genannten Aufgaben gewissenhaft zu erfüllen
und täglich im angemessenen Ausmaß (eventuell noch Zeiten festlegen)
im Stall anwesend zu sein.
Dafür erhält Herr/Frau .... von Herrn/Frau .... ein Entgelt
von .... Euro , zahlbar am ....

Unterschrift beider Parteien

Auch die Obsorge für den vierbeinigen Nachwuchs fällt in den Aufgabenbereich des Stall-Sitters. Vertrag und Vollmacht klären Pflichten und Kompetenzen. Foto: Slawik

Neben einem möglichst detaillierten Vertrag empfiehlt sich auch die Ausstellung einer Vollmacht an den Stall-Sitter, wobei auch hier der Umfang der Vollmacht genau festgelegt werden muss. So kann dieser im Ernstfall zum Beispiel dringend notwendige Operationen an Pferden bewilligen oder bei Gefahr in Verzug unaufschiebbare Reparaturen an der Anlage beauftragen.

Wie viel kann ich verdienen?

Leider werden die Dienste eines Stall-Sitters voraussichtlich nicht allzu oft in Anspruch genommen werden. Daher handelt es sich nur um ein sehr unregelmäßiges Nebeneinkommen. Wer sich allerdings einen Namen gemacht hat und mehrere Ställe betreut, kann durchaus über die Ferienmonate schön dazu verdienen. Denkbar ist bei der Betreuung des eigenen Einstellstalles auch eine Gegenverrechnung mit der Einstellgebühr, was oft für beide Parteien die angenehmere Variante darstellt. Ich empfehle pro Woche ab 300 Euro aufwärts zu verlangen. Wer natürlich auch noch selbst ausmisten und im Stüberl gar kochen soll, darf sicherlich eine höhere Gage einfordern.

Pferdeweihe oder Pfingstritt (so wie hier in Kötzting) gehören zu den fast vergessenen Reiter-Traditionen, die ein Pferde-Eventmanager wiederbeleben kann. Foto: Slawik

Alle mir nach: Eventmanager

Kennen Sie das? Es ist mitten im Winter. Draußen ist es eiskalt, es stürmt und schneit, sodass sich keine andere Alternative bietet, als in der Halle zu reiten. Diese ist jedoch von den Schulreitern besetzt, und viele andere Pferdebesitzer tummeln sich ebenfalls darin. Ein wirkliches Arbeiten ist da oft nicht mehr möglich. Es ist für viele Reitställe nicht einfach, die Wünsche von Reitschülern und Privateinstellern zu berücksichtigen. Gerade in der kalten Jahreszeit ist Gedränge in der Halle unvermeidbar. Nicht jeder Stall kann sich zwei Hallen – eine für Schulreiter und eine für Privatreiter – leisten.

Viele Pferdebesitzer, die ihre Pferde nicht in überfüllten Hallen reiten wollen, suchen daher Ställe, in denen kein offizieller Schulunterricht stattfindet. Tatsächlich ist es so, dass in vielen Ställen Reitanfängern oder Kindern kein Unterricht mehr erteilt wird. Die meisten Stallbesitzer ziehen die zahlende Kundschaft der Privateinsteller vor und verzichten auf die Haltung von Schulpferden und auf die Anstellung eines Reitlehrers. Das ist unerfreulich für Leute, die reiten lernen wollen, hingegen wesentlich angenehmer für Pferdebesitzer.

Jedoch: Jede Medaille hat zwei Seiten. So sehr man die Ruhe (kein Kindergeschrei, keine überfüllte Halle) schätzen mag, so bald kann sich auch gähnende Langeweile ausbreiten. Immer nur alleine in der Halle vor sich hin zu reiten ist auf Dauer eintönig. Immer dieselben Ausritte in der Umgebung können ebenfalls langweilig werden. Solche Reitställe benötigen einen Eventmanager, eine Person, die ab und zu Schwung in den Alltag bringt, ein wenig Abwechslung mit Aufgaben für Pferd und Reiter, die allen Spaß machen.

➲ Was ist zu tun?

Die Idee eines Pferde-Eventmanagers mag neu sein, nicht neu jedoch sind die Aufgaben, die er zu übernehmen hat. Eventmanager organisieren Ereignisse für Pferd und Reiter in Ställen, in denen es keinen Schulbetrieb gibt. Davon profitieren außer Pferd und Reiter auch die Stallbesitzer selbst: Bei Events wird häufig Publikum geladen, Verwandte, Bekannte und Freunde. Sie alle sind zahlungskräftige Kunden, die den Umsatz im Reitstüberl beträchtlich ankurbeln können. Dies ist ein weiterer angenehmer Effekt, wenn man die Dienste eines Eventmanagers in Anspruch nimmt.

Welche Events könnte sich nun ein solcher Manager ausdenken und umsetzen?

Weihnachtsquadrille: In den meisten Reitställen finden zur schönsten Zeit des Jahres Weihnachtsfeiern statt, ein gemütliches Zusammensein bei Punsch und Keksen im warmen Stüberl. Doch zu einer echten Weihnachtsfeier gehört auch eine kleine Reitvorführung: die klassische Weihnachtsquadrille. Der Eventmanager organisiert diese. Er überlegt sich die Musik, zu der die Pferde tanzen sollen, ebenso wie den Ablauf der Schrittfolgen, und übernimmt die Ansage derselben.

Faschingsreiten: Auch dieses findet in vielen Ställen alle Jahre wieder statt und ist ein gutes Training für Gehorsam, Geduld und Aufmerksamkeit der Pferde. Der Eventmanager denkt sich einen Parcours aus, organisiert die notwendigen Utensilien (Luftballons, Hindernisse und so fort) und zu guter Letzt muss er auch noch die Rolle der Jury oder des Richters übernehmen.

Orientierungsritte: Hier bietet sich die Möglichkeit einen Wettbewerb zu organisieren, in dem es darum geht, wer am schnellsten im Gelände Hinweisen folgen kann, die zu einem Schatz führen. Orientierungsritte sind besonders zu Ostern beliebt. Der Eventmanager versteckt den Schatz (oder eben Ostereier) und arbeitet eine Route aus, der die Teilnehmergruppen folgen müssen. Bei jeder erreichten Etappe gibt es neue Hinweise zum Schatz. Wer zuerst fündig wird, hat gewonnen. Der Eventmanager plant die Route, versteckt die Hinweise und den Schatz und ermittelt nicht nur den Sieger, sondern achtet auch auf ein Fairplay im Wettkampf.

Jagden: Hier geht es natürlich nicht um eine blutige Jagd mit einem lebenden Fuchs, sondern um ein Spiel, wobei einer der Reiter die Rolle des Fuchses übernimmt. Meist trägt er einen Fuchsschwanz an der Schulter, den es nach der Aufforderung Jagd frei! zu ergattern gilt. Der Eventmanager organisiert die zu reitende Route, eventuell auch die Hundemeute, die dem reiterlichen Erlebnis einen ganz besonderen Kick gibt, die Verköstigung während der Pausen, das Fest danach und anderes mehr.

Hausturniere: Diese können je nach Schwerpunkt des Stalles in Dressur oder in Springen abgehalten werden, wobei der Eventmanager sich nicht nur die Aufgaben und den Parcours überlegt, sondern auch als interner Richter fungieren kann. Selbstverständlich kann man auch einen Richter hinzuziehen. Bei Dressurturnieren kann man Aufgaben aus dem Aufgabenbuch des Landesfachverbandes auswählen, bei Springturnieren sollte man vielleicht einen erfahrenen Parcours-Bauer hinzuziehen.

Horse-Ball-Spiele: Das bei den Briten so beliebte Polospiel hat sich bei uns nie durchgesetzt. Stattdessen wurde vor einiger Zeit das Horse-Ball-Spiel erfunden. Zwei berittene Mannschaften, bestehend aus je sechs Spielern, treten gegeneinander an und versuchen einen weichen Lederball aufzuheben ohne mit den Füßen den Boden zu berühren und dann in das Tor des Gegners zu schießen. Gewinner ist die Mannschaft, welche die meisten Tore erzielt.

Der Eventmanager organisiert solch einen Wettbewerb, oder, wenn es mehrere Teams gibt, sogar Horse-Ball-Turniere. Er stellt die Mannschaften auf und überwacht das Spiel als Schiedsrichter. Den Gewinnern winken Pokale oder Sachpreise.

Organisation von Pferdeweihen: Sie sind zwar schon aus der Mode gekommen, aber warum nicht ein altes Ritual

Die traditionsreiche Jagd mit Meute ist ein Höhepunkt jedes Stall-Veranstaltungskalenders. Foto: Schmelzer

wieder aufleben lassen? Bei Pferdeweihen reiten alle Teilnehmer geschlossen zur nächsten Kapelle oder Kirche im Ort und lassen ihre Pferde vom Pfarrer zum Schutz vor Unglück weihen.

Der Eventmanager organisiert das Ritual beim zuständigen Pfarrer und sorgt auch für die Verköstigung von Pferd und Reiter unterwegs.

Wie man sieht gibt es unzählige Ideen und Aufgaben für einen Eventmanager. Die hier aufgezählten Standardevents sollen nur als Anregungen verstanden werden. Wie wäre es mit Geschicklichkeitsspielen für Reiter und Pferd, der Organisation von Dressur- oder Springkursen, der Durchführung von Lehrgängen in alternativer Pferdeheilkunde, Zirkuslektionen oder Pferdeflüstern? Der Kreativität des Event-Managers sind keine Grenzen gesetzt. Seine Dienste fördern nicht nur den Umsatz im Stüberl, sondern vor allem den Gemeinschaftssinn, das Wissen, die Geschicklichkeit und die Disziplin von Reiter und Pferd.

Welche Ausbildung ist notwendig?

Spaß am Organisieren, Fantasie und Kreativität sind vonnöten. Genügend eigene Erfahrungen sollte man aber doch vorweisen können. Wer noch nie selbst an einem Faschingsreiten oder an einer Jagd teilgenommen hat, wird sich die Umsetzung dieser Veranstaltungen nur schwer vorstellen können.

Probleme könnten sich auch bei der Organisation von Hausturnieren ergeben. Hausturniere sind, wie der Name schon sagt, keine professionellen Wettbewerbe. Vor allem bei Springturnieren sollte man dies nicht vergessen und die Höhe der Sprünge dementsprechend bemessen. Natürlich kann man einen Kurs als Parcours-Bauer absolvieren (Informationen und Auskünfte dazu bieten die Landesfachverbände). Solange man jedoch keine professionellen Turniere durchführen will, bleibt die Investition in eine solche Ausbildung zweifelhaft.

Geschicklichkeitsspiele für Pferd und Reiter eignen sich hervorragend, um Gemeinschaftssinn und Disziplin von Reitern und Pferden zu fördern. Foto: Slawik

Zusammenfassend kann man sagen, dass ein Eventmanager einfach Spaß am Organisieren benötigt und über genügend eigene Erfahrung im Hinblick auf einschlägige Veranstaltungen verfügen sollte.

Wie realisiere ich den Job?

Ich bin sicher, dass ein Pferde-Eventmanager eine Marktlücke füllt und rasch

Erfolgreiche Pferde-Eventmanager können ihre Dienste bald auch in anderen Ställen anbieten.
Foto: Schmelzer

ein entsprechendes Betätigungsfeld finden wird. Meist beginnt man im eigenen Stall, wo man einmal eine Weihnachtsquadrille oder ein Faschingsreiten organisiert. Bei Hausturnieren kann man auch Gäste aus den umliegenden Ställen mit einbeziehen und sich bei diesen mit gelungenen Veranstaltungen ebenfalls einen Namen machen.

Teilnehmer findet man am einfachsten, indem man im Reiterstüberl – nach Absprache mit dem Besitzer – Anschläge anbringt, welche Events wann und wo stattfinden und wie hoch der Kostenbeitrag ist. Am besten hängt man auch gleich eine Liste dazu, damit sich jeder, der mitmachen will, eintragen kann. Sobald sich genügend Teilnehmer gemeldet haben, kann man loslegen.

Erfolgreiche Eventmanager können ihre Dienste auch in anderen Ställen anbieten oder gar in Fachzeitschriften inserieren (besonders für Jagden oder Pferdeweihen). Ich bin davon überzeugt, dass es keinen Mangel an Kunden gibt. Und das Schönste an der Sache ist: Man kann die Events jährlich wiederholen. Schließlich ist jedes Jahr Weihnachten, Ostern oder Fasching. Allerdings sollte man sich um Abwechslung und daher um geänderte Programme bemühen.

➲ Wie viel kann ich verdienen?

Es ist eher unwahrscheinlich, dass ein Reitstallbesitzer einen Pferde-Eventmanager zur Unterhaltung seiner Einsteller engagiert und ihn pauschal bezahlt. Der Eventmanager bezieht daher sein Gehalt aus den Unkostenbeiträgen der Event-Teilnehmer. Wie hoch diese Beträge sind, hängt vom eigenen Kostenaufwand ab. Bei einer Weihnachtsquadrille beispielsweise benötigt man nur eine zusammengestellte Musik- und Schrittfolge und natürlich eine Stereoanlage in der Halle. Beim Faschingsreiten hingegen kann der Bau eines Parcours einiges kosten (beliebt sind Spiele mit Luftballons, Karotten und Ähnlichem) und man muss natürlich Preise in Form von Naschereien oder Pokalen zur Verfügung stellen. Hier ist der Aufwand größer, daher auch der Teilnahmebetrag höher.

Ich schlage vor, pro Teilnehmer fünf bis 15 Euro zu verlangen je nach Event und Aufwand. Selbstverständlich sollte man dabei auch den Gewinn des Eventmanagers mit einkalkulieren.

Die Fleißigen und Starken: Die Assistenten

Sie tummeln sich in jedem Stall; sie sind bei den Pferden, bei den Koppeln und im Stüberl anzutreffen; sie sind überall, und viele von ihnen verrichten wichtige Arbeiten. Ich spreche von den zumeist jungen Mädchen, die sich in sämtlichen Reitställen als dienstbare Geister nützlich und wichtig machen. Jungen sind in dieser Position eher selten anzutreffen. Das mag einerseits daran liegen, dass Buben, warum auch immer, der Faszination des Pferdes nicht so schnell erliegen wie die Angehörigen des weiblichen Geschlechts, zum anderen in der Tatsache begründet sein, dass die Herzen männlicher Teenager wohl eher für technische oder wettbewerbsorientierte Freizeitbeschäftigungen schlagen. Tatsächlich ist es nicht einmal Psychologen gelungen herauszufinden, warum sich in erster Linie Mädchen für Pferde interessieren, und zwar nicht einmal so sehr für den Sport, sondern viel mehr für die Pflege und die Erhaltung der Tiere. Dass dem so ist, wird allerdings jeder Reitstallbesitzer oder Turnierreiter bestätigen können.

Doch diese Liebe der Mädchen zu den Pferden wird manchmal schamlos ausgenutzt. Die Mädchen dürfen Pferde putzen, oft sogar den Stall ausmisten, kranke Tiere spazieren führen oder manchmal longieren. Interessanterweise sind jedoch im professionellen Pferdesport die so genannten Amazonen immer noch in der Minderheit, Frauen heimsen eher selten die Medaillen ein. Sie sind stattdessen sehr häufig für die Arbeit hinter den Kulissen zuständig: für die Versorgung der Pferde, für ihre Pflege und Kosmetik, das heißt die Verschönerung von Schweif und Mähne – wobei das so genannte Zöpfe-Einflechten eine recht mühevolle Tätigkeit ist – oder für das Warm- und Abreiten der Tiere.

In vielen Betrieben tummeln sich dienstbare Geister, die Stall- und Pferdebesitzern mit Begeisterung zur Hand gehen. Foto: Slawik

Die Reitstallbesitzer oder Turnierreiter profitieren vom Eifer dieser Mädchen, denn eine Bezahlung für diese oft verantwortungsvollen Tätigkeiten gibt es nicht. Wenn ein Mädchen nicht mehr mitmachen will, wartet schon das nächste darauf, um – grob gesagt – die Schmutzarbeit zu übernehmen.

Ich konnte auch keine Erklärung dafür finden, warum Mädchen so gerne mit Pferden umgehen. Aber noch weniger verstehe ich es, dass sie sich für eine manchmal durchaus auch körperlich schwere Arbeit nicht bezahlen lassen. Wer ein Pferd versorgt, es putzt, wäscht, ihm Zöpfchen oder Löckchen flicht, wer es longiert, warm- oder abreitet oder es nur spazieren führt, der leistet Arbeit. Und gerade in wirtschaftlich schweren Zeiten wie diesen ist es nicht angebracht, diese Arbeiten ohne entsprechende und anerkennende Entlohnung zu verrichten. Selbst ein Naturallohn in Form einer Gratis-Reitstunde wird sicher gerne akzeptiert.

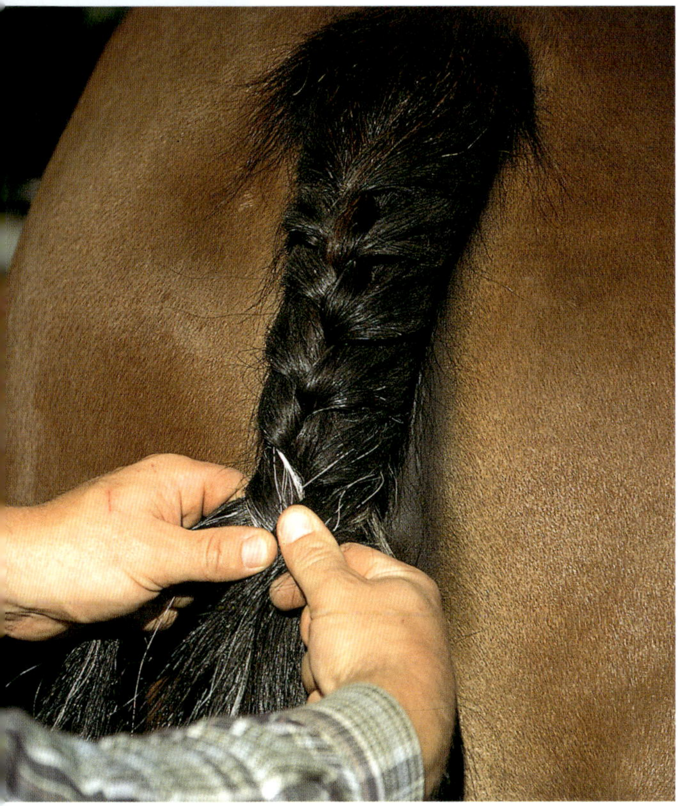

Das Einflechten von Mähne und Schweif ist eine recht mühevolle Tätigkeit und erfordert viel Geduld. Foto: Schmelzer

Frauen und Mädchen, selbst wenn sie noch so jung und vielleicht naiv sind, sollten aufhören, gratis für all jene Herren oder auch Damen zu arbeiten, die dann die Anerkennung und die Preise einheimsen. Es ist unbestreitbar, dass dienstbare Geister im Stall vonnöten sind. Sie sollten ihre Dienste jedoch gegen eine entsprechende Entlohnung anbieten, egal ob sie bei der Pflege und Versorgung der Pferde helfen oder im Reitstüberl gar kochen und servieren.

Im Folgenden habe ich nun vier mehr oder weniger lukrative Nebenjobs angeführt, die derzeit – mit Ausnahme des Hufschmiedassistenten – wohl in erster Linie von weiblichen Pferdefreunden ausgeübt werden dürften. Dies soll aber nicht heißen, dass sich das in Hinkunft nicht ändern kann: Vielleicht lockt eine entsprechende Entlohnung auch den einen oder anderen männlichen Assistenten hinter dem Computer hervor!

Reitlehrerassistenten

Es ist schon toll, auf welche Ideen manche Reitanfänger kommen – ganz einfach, weil sie keine Ahnung haben. Sie wissen verständlicherweise oft nicht, was vor oder nach dem Reiten zu tun ist: Schwitzende Pferde kann man nicht einfach in den Stall stellen. Die Hufe auszukratzen, eventuell Wunden zu versorgen oder das Tier einzudecken sind häufige und für den erfahrenen Reiter selbstverständliche Notwendigkeiten. Im Sommer, wenn es heiß ist, sollte man auch die Beine abspritzen. Der Reitanfänger jedoch weiß noch nichts davon. Unsere Reitlehrerin war oft schon mit der nächsten Schulstunde beschäftigt und konnte nicht überwachen, ob die Schulpferde angemessen versorgt wurden. Später war dann Susi da, eine Reitlehrerassistentin, die sich all der ahnungslosen und manchmal auch sorglosen Reiter vor und nach der Stunde annahm und darauf achtete, dass die Schulpferde entsprechend versorgt wurden.

➲ Was ist zu tun?

Reitlehrer sind oft viel zu beschäftigt, um Reitanfänger auch noch in die Kunst des Zäumens, Sattelns oder der Pferdepflege einzuweihen. In gut gehenden Schulställen reiht sich oft eine Stunde an die andere, da ist der Reitlehrer auf die Hilfe eines Assistenten angewiesen.

Reitlehrerassistenten sind verantwortlich für die Betreuung von Schulreitern und Pferden. Sie zeigen dem Neuling das richtige Pferd und erklären gleich vorab seine Unarten und Vorteile. In großen Ställen ist es für Neuankömmlinge nicht immer einfach, das richtige Pferd zu finden. Es kam schon vor, dass Tiere von Privateinstellern versehentlich als Schulpferde genutzt wurden. Dann führen sie den Schüler in die Sattelkammer und helfen notfalls beim Satteln und Zäumen. Weiter sorgen diese dienstbaren Geister dafür, dass Pferd und Reiter rechtzeitig in der richtigen Halle oder im richtigen Viereck eintreffen.

Nach dem Reiten kümmern sich Reitlehrerassistenten um die Versorgung der Pferde: Hufe auskratzen, Beine abspritzen im Sommer, Abschwitzdecken auflegen oder zudecken im Winter, und schließlich, dass das Tier in die richtige Box zurückkommt.

Zwischendurch kann der Reitlehrerassistent Pferde auf die Koppel führen, longieren oder putzen, und wenn es sehr stressig zugeht, den Reitlehrer mit Ess- und Trinkbarem versorgen. Auch Hilfe beim Aufbau kleiner Hindernisse oder Cavaletti-Kombinationen vor Springstunden ist den meisten Reitlehrern sehr willkommen.

Wie man sieht, sind Reitlehrerassistenten wichtige Hilfen, ohne die so mancher Schulbetrieb in ein Chaos stürzen würde.

➲ Welche Ausbildung ist notwendig?

Wie bei allen Assistenten ist eine Ausbildung nicht Voraussetzung für den Job. Schließlich will man ja selbst lernen. Dennoch sind einige Grundkenntnisse auf Reiterpass-Niveau erforderlich: Reitlehrerassistenten sollten sich zunächst im Stallgelände bestens auskennen, sie müssen auch über die Schulpferde inklusive deren Eigenheiten Bescheid wissen, über den Ablauf einer Stunde und selbstverständlich darüber, welches Zubehör für welches Pferd gedacht ist. All diese Kenntnisse sind nach einer kurzen Einweisung vom Reitlehrer schnell erworben.

➲ Wie realisiere ich den Job?

Wie schon gesagt: Schluss mit all den jungen Mädchen, die sich für Arbeiten ausnutzen lassen. Am besten schlägt man diese Konkurrenz aus dem Feld, indem man sich mit dem Reitlehrer bespricht und seine Dienste anbietet. Absolute Zuverlässigkeit setze ich selbstverständlich voraus. Diese muss man dem Reitlehrer schmackhaft machen, ebenso die

Der Reitlehrerassistent ist für die Betreuung von Schulreitern und Pferden verantwortlich. Foto: Slawik

Vorteile und Arbeitserleichterungen, die er genießt, wenn sich ein Reitlehrerassistent verantwortungsvoll um seine Aufgaben kümmert. Der Kunde ist immer der Reitlehrer, den Job als Reitlehrerassistent kann man nur durch ein persönliches Gespräch mit diesem umsetzen.

Wie viel kann ich verdienen?

Wie alle Azubis wird man als Reitlehrerassistent keine Reichtümer anhäufen können. Manche sind schon zufrieden, wenn sie durch ihre Mithilfe eine gratis Reitstunde erhalten können. Ansonsten schlage ich vor, pro gerittenes Pferd in der Schulstunde wenigstens 50 Cent zu verlangen. In Reitställen, wo manchmal sogar zehn Schulpferde drei- bis viermal am Tag Stunden absolvieren, kann da doch ein hübsches Entgelt zusammenkommen.

So mancher Tierarzt ist gerne bereit die Hilfe eines verlässlichen Assistenten in Anspruch zu nehmen. Foto: Slawik

Tierarztassistenten

Vor einigen Jahren brach ein echter Boom aus: Unzählige und vor allem wieder weibliche Maturanten und Abiturienten hatten die Idee, ein Studium der Veterinärmedizin zu absolvieren. Das Resultat war, dass Tierarztpraxen wie Pilze aus dem Boden schossen und genauso schnell wieder Konkurs anmelden mussten. Auch schafften es nicht alle, das schwere Studium zu beenden. Wer also ernsthaft mit dem Gedanken spielt, Veterinärmedizin zu studieren, für den empfiehlt es sich, die Materie durch die Praxis kennen zu lernen. So wie es Michi tat, die sich nach ihrem Abitur in einer Kindergärtnerinnen-Schule nicht sicher war, ob sie doch noch studieren sollte oder nicht (siehe Interview).

Was ist zu tun?

Tierarztassistentinnen sind mit den Tierärzten zu den verschiedenen Ställen unterwegs und assistieren bei den diversen Behandlungen, angefangen bei einfachen Impfungen bis hin zu blutigen Operationen.

Welche Ausbildung ist notwendig?

Die Tätigkeit als Tierarztassistent ist selbst bereits die Ausbildung. Allerdings empfehlen sich ein guter Magen und die Fähigkeit, beim Anblick von Blut nicht gleich in Ohnmacht zu fallen. (Ich gestehe, dass ich bei blutigen Aktionen nicht zusehen kann.)

➲ Wie realisiere ich den Job?

Auch hier hilft nur das persönliche Gespräch, die persönliche Bewerbung. Man fragt beim Tierarzt nach, dem man im Stall sicherlich bereits begegnet ist, ob er an der Hilfe eines Tierarztassistenten oder Praktikanten interessiert wäre.

➲ Wie viel kann ich verdienen?

Hier ist man von der Großzügigkeit des Tierarztes abhängig – leider, da es für diesen Job keine Kollektivverträge gibt. Die meisten Tierärzte rechnen jedoch pauschal ab, vielleicht fünf Euro pro Einsatz.

Bei der Verabreichung von Wurmkuren wird eine hilfreiche Hand gerne in Anspruch genommen. Foto: Slawik

Interview mit der Tierarztassistentin Michi:

Du hast eine Ausbildung als Kindergärtnerin absolviert. Wie bist du auf die Idee gekommen, einer Tierärztin zu assistieren?

Michi: Ich wollte es ganz einfach ausprobieren. Ich hatte ja die Kindergartenschule mit dem Abitur abgeschlossen und zu dieser Zeit keine Lust, wirklich in einem Kindergarten zu arbeiten. Ich habe überlegt, ob ich Tierärztin werden soll. Und da ich ja selbst ein Pferd habe und mir Frau Dr. C. bereits bekannt war, habe ich sie gefragt, ob ich für eine Weile bei ihr als Assistentin arbeiten könnte. Und sie hat ja gesagt.

Was genau hattest du zu tun?

Michi: Ich war mit Frau Dr. C. jeden Abend zwischen 17 und 19 Uhr in diversen Reitställen in der Umgebung Wiens unterwegs und habe ihr assistiert: Pferde aus den Boxen oder von den Koppeln geholt und für Injektionen oder Impfungen festgehalten, bei Infusionen geholfen und sogar bei Operationen. Da war ich dann meistens der Anästhesist. Auch beim Röntgen habe ich geholfen. Da musste ich vorher eine Bestätigung unterschreiben, dass ich nicht schwanger bin, und immer eine Schutzschürze tragen. Frau Dr. C. besaß auch eine Kleintierpraxis in der Stadt, da habe ich zweimal in der Woche ausgeholfen.

Gab es irgendwelche besonderen Einsätze? Ich meine, Koliken oder Unfälle?

Michi: Koliken haben wir sehr oft gehabt, Unfälle, Gott sei Dank, eher weniger. Aber einmal gab es einen besonders schlimmen Unfall mit einem Pferd auf der Koppel. Niemand weiß mehr genau, wie es passiert ist, aber das

Pferd war an der Hinterhand so schwer verletzt, dass die Knochen aus dem Hinterteil hervorragten.

Was habt ihr mit dem Pferd gemacht?

Michi: Wir haben es sofort an Ort und Stelle operiert. Ich habe bei der Narkose geholfen, und dann auch die Hautteile bei der Operation festgehalten, Blut abgetupft und beim Vernähen geholfen.

Hat dir das nichts ausgemacht?

Michi: Nein, mir macht Blut nichts.

Und wurde das Pferd wieder gesund?

Michi: Aber ja, man kann es sogar wieder reiten.

Warst du auch alleine unterwegs?

Michi: Ja, ab und zu, wenn bei manchen Tieren eine Nachbehandlung notwendig war, zum Beispiel intramuskuläre Infusionen oder Injektionen, die habe ich auch alleine gemacht.

War es eine anstrengende Tätigkeit?

Michi: Na ja, manchmal schon. Jeden Tag, egal bei welchem Wetter unterwegs zu sein, das ist schon anstrengend. Gott sei Dank hatte ich wenigstens am Wochenende frei.

Wie sah es mit der Bezahlung aus? Wie viel hast du für deine Dienste bekommen?

Michi: Na ja, das mit der Bezahlung war so ein Problem. Zu Anfang hat mir Frau Dr. C. nichts bezahlt, vielleicht einmal ein Abendessen oder, wenn ich alleine unterwegs war, das Benzin für das Auto. Später habe ich dann im Monat 100 Euro bekommen.

Hat dir das nichts ausgemacht gratis zu arbeiten?

Michi: Nein, ich wollte ja schließlich lernen.

Wie lange hast du den Job gemacht?

Michi: Ungefähr ein Jahr.

Und warum hast du dann wieder damit aufgehört?

Michi: Ich wollte nicht mehr, ich hatte es mir überlegt. Ich bekam einen Job im Kindergarten, mit dem bin ich jetzt sehr zufrieden.

Willst du nicht mehr studieren?

Michi: Nein, das dauert mir zu lange. Und den ganzen Tag als Tierarzt zu arbeiten wäre mir doch zu anstrengend.

Danke für das Gespräch.

Assistent bei Prüfungen und Turnieren

Wann immer ein kleineres oder größeres Event im Stall stattfindet, sind auch sie anzutreffen: all die unzähligen Helfer, die einen reibungslosen Ablauf auf Turnieren oder bei Prüfungen, sei es Reitpass, Reiternadel oder Lizenzen, garantieren.

➲ Was ist zu tun?

Prüfungs- oder Turnierhelfer werden mit den unterschiedlichsten Aufgaben betraut. Bei Prüfungen sorgen sie dafür, dass die Reiter rechtzeitig zur Stelle sind, sie erklären den Parcours (beim Springen) oder sagen die Prüfungen an (Dressur) und richten umgestürzte Hindernisse wieder auf. Richter brauchen ebenfalls Assistenten, die mitschreiben, um die Teilnehmer anschließend korrekt beurteilen zu können.

➲ Welche Ausbildung ist notwendig?

Der Prüfungs- oder Turnierassistent muss sich selbstverständlich im Reitstallgelände bestens auskennen. Auch die Fachsprache bei den Ansagen von Dressuraufgaben sollte ihm geläufig sein. Ach ja, eine kräftige laute Stimme, die nicht so schnell heiser wird, ist ebenfalls von unschätzbarem Vorteil.

➲ Wie realisiere ich den Job?

Bei Prüfungen kommt oft der Reitlehrerassistent zum Einsatz, jedoch kann dieser sich nicht um alles kümmern. Wer sich also als Helfer bei einem Turnier betätigen will, bespricht dies am besten mit dem Reitlehrer, mit dem Stallbesitzer oder mit dem Veranstalter persönlich, und zwar lange bevor das Ereignis stattfindet.

➲ Wie viel kann ich verdienen?

Auch diese Frage muss beim Bewerbungsgespräch geklärt werden. Ich gebe zu, dass Prüfungs- oder Turnierhelfer sicherlich am schlechtesten von allen Assistenten bezahlt werden. Manche geben sich schon mit einer Gratisverköstigung am Tag zufrieden. Ansonsten kann man ja versuchen, eine Pauschale pro Tag zu vereinbaren. Wie wäre es mit 20 Euro pro Tag oder mehr, je nach Tätigkeit?

Hufschmiedassistenten

Silke beschloss, Hufschmied zu werden. Sie interessierte sich schon immer für diesen typischen Männerberuf. Eines Tages raffte sie sich dazu auf, es einfach einmal zu probieren, und fragte einen Hufschmied, der ihr vom Stall bekannt war, ob er nicht einen Assistenten benötigte. Dieser erklärte sich bereit, Silke zu engagieren und nahm sie auf seinen Touren mit. Es gab kein skeptisches Stirnrunzeln darüber, ob das zierliche Mädchen nicht zu schwach für die Arbeit sei, keine Fragen, warum sie einen Männerjob zum Berufsziel erkor.

Auch Richter benötigen Assistenten, die bei Turnieren und anderen Prüfungen als Schriftführer agieren. Foto: Schmelzer

Frauen sind durchaus imstande einem Hufschmied zur Hand zu gehen – ein gewisses Maß an körperlicher Kraft ist aber Voraussetzung. Foto: Slawik

Silke lernte zunächst, wie man Hufeisen fachgerecht abnimmt, dann, wie man die Hufe korrekt und schonend zuschneidet, und schließlich das Beschlagen selbst, wobei sie diese Tätigkeit natürlich auch bei fortgeschrittenem Wissen nie ohne die gestrenge Aufsicht ihres Lehrers am „Kunden Pferd" ausüben durfte. In der Werkstatt ihres Lehrmeisters übte sie, die Eisen heiß zu formen, Löcher für Stollen hineinzubohren und vieles mehr. Silke war mit ihrer Arbeit mehr als zufrieden, obwohl sie keine Berufsschule besuchte und keine offizielle Lehre absolvierte.

Wer Hufschmied werden will, muss zunächst das Schmiedehandwerk oder einen anderen Metallberuf erlernen. Anschließend gibt es noch eine recht kostspielige, rund 3000 Euro teure dreimonatige Ausbildung zum Hufschmied an diversen veterinärmedizinischen Instituten oder Kliniken. In Deutschland hat man nach einem einjährigen Praktikum bei einem Hufschmied eine fünf-monatige Ausbildung an einer staatlichen Beschlagsfachschule zu absolvieren, die mit der staatlichen Hufbeschlagprüfung abschließt. Doch nicht jeder hat das Ziel, staatlich geprüfter Hufschmied zu werden. Es existieren auch wesentlich weniger zeit- und kostenaufwändige Ausbildungen zum Hufpfleger und Huftechniker und zum Huforthopäden. Wer jedoch bloß in die Arbeit hineinschnuppern und sich neues Wissen aneignen möchte, dem bietet sich der Job eines Hufschmiedassistenten an.

➲ Was ist zu tun?

Wer sich einem Hufschmied anschließt und mit ihm durch die Reitställe zieht, wird sicherlich anfangs meist für simple Arbeiten herangezogen: Pferde aus den Boxen oder von den Koppeln holen und wieder zurückbringen oder die abgeschnittenen Hornreste entfernen. Einfache Arbeiten sind leider das Los eines Lehrlings. Doch bald wird man in die eigentliche Arbeit eingeführt: eben Hufe ausschneiden, Eisen formen und aufnageln oder Stollen einschrauben. Sicherlich ist für die Tätigkeit als Hufschmiedassistent eine gewisse Körperkraft nötig. Vor allem das Eisenformen benötigt Kraft. Ebenso lehnen sich manche Pferde gerne auf den Hufschmied, während sie auf drei Beinen stehen müssen, dieses Gewicht muss man aushalten können. Jedoch bietet die Tätigkeit als Hufschmiedassistent einen Einblick in die faszinierende Welt eines uralten Handwerks – fernab von all den Computern und vom Bürokram der heutigen Arbeitswelt.

In Deutschland ist, anders als in Österreich, streng reglementiert, wer Pferde beschlagen darf: Der Umgang mit Eisen und Nägeln ist nur staatlich geprüften Hufschmieden gestattet. Ein Gesetzentwurf ist in Diskussion, der vorsieht, die Arbeit am Huf einschließlich des Ausschneidens nur noch staatlich geprüften Fachkräften zu erlauben.

➲ Welche Ausbildung ist notwendig?

Wie bei allen Assistenten: Der Job als Hufschmiedassistent dient der Ausbildung.

➲ Wie realisiere ich den Job?

Silke hat es vorgemacht: Es hilft nur ein persönliches Gespräch mit einem Hufschmied, eventuell muss man bei mehreren anfragen. Mancher freut sich sicherlich über einen eifrigen Assistenten.

➲ Wie viel kann ich verdienen?

Wie alle Assistenten darf man keinen allzu großen Lohn erwarten. Silke beispielsweise erhielt 60 Euro in der Woche für ihre Arbeit, war aber, außer am Wochenende, täglich mit ihrem Lehrmeister unterwegs.

Der Vorteil aus dieser Tätigkeit ergibt sich mitunter erst später. Silke hat die Ausbildung an der Veterinärklinik nicht mehr gemacht, weil sie ihr zu kostspielig war. Dennoch profitiert sie von ihrer Lehre: Sie kann im Notfall verloren gegangene Eisen wieder festnageln, Hufe ausschneiden und Stollen ein- oder ausschrauben und verdient sich mit dieser Aushilfstätigkeit heute noch ein nicht zu unterschätzendes Zubrot in jenem Stall, in dem sie ihr eigenes Pferd untergebracht hat.

Als Assistent eines Hufschmieds erhält man Einblick in die Welt eines uralten Handwerks und kann das Gelernte auch bald umsetzen. Foto: Schmelzer

Reitlehrer benötigen neben psychologischem Geschick unbedingt eine fundierte Ausbildung – zu ihrem eigenen Schutz und zum Wohl von Schülern und Pferden. Foto: Slawik

Nebenjobs
für Pferdeliebhaber mit profunden Kenntnissen

Alles will gelernt sein: Reitlehrer

Das mit den Reitlehrern ist so eine Sache, stöhnte Helmut P. vom niederösterreichischen Landesfachverband für Reiten und Fahren, ohne eine Idee zu haben, wie man dieses Problem in den Griff bekommen könnte. Wer ein Auto lenken will, muss eine Führerscheinprüfung ablegen; wer als Lehrer an einer Schule unterrichten will, muss ein Studium inklusive einer pädagogischen Ausbildung absolviert haben. Aber ein Reitlehrer?

Viele Eltern, die ihre Kinder zum Reitunterricht schicken, haben keine Ahnung, ob der kenntnisreiche Reitlehrer tatsächlich eine profunde Ausbildung absolviert hat oder nicht. Wer fragt schon nach einem Diplom oder nach einem Zertifikat? Tatsächlich bin ich in meiner langjährigen Reiterlaufbahn einigen so genannten Reitlehrern begegnet, die gerade einmal eine Reiterpassprüfung abgelegt hatten. Dementsprechend gestaltete sich auch ihr Unterricht: mit falschen Anweisungen an die Reiter, ohne profunde Ahnung vom richtigen Umgang mit den Pferden oder gar von pädagogischem Geschick. Bei Springstunden wurden für Pferd und Reiter unüberwindbare Hindernisse aufgestellt, und wenn das Pferd brav sprang, der Reiter sich aber nur mit Mühe im Sattel halten konnte ohne jegliche Kontrolle über das Tier, wurde er auch noch gelobt.

Die Ausbildung zum Reitlehrer ist im deutschsprachigen Raum zwar reglementiert, doch sie wird leider nicht kontrolliert. Jeder, der sich dazu berufen fühlt und genügend Verantwortungs- und Rücksichtslosigkeit besitzt, kann sich selbst zum Reitlehrer ernennen. Ob dies allerdings für die Pferde und für die Schüler sinnvoll ist, wage ich zu bezweifeln. Trotzdem versuchen sich viele in dieser Profession, und sie schaffen es sogar immer wieder Reitstallbesitzer derart von ihren Fähigkeiten zu überzeugen, dass sie als Vollzeit-Reitlehrer engagiert werden.

In diesem Zusammenhang sei hier jedoch vor den rechtlichen Folgen gewarnt: Wer sich unberechtigterweise als Reitlehrer betätigt, kann, wenn es zu einem Unfall kommt, zur Rechenschaft gezogen werden. Der Oberste Gerichtshof hat zwar beschlossen, dass jeder, der einen Reitstall betritt, sich einem Pferd nähert oder gar auf diesem reitet, für sein Handeln selbst verantwortlich ist; Eltern haften selbstverständlich für ihre Kinder. Reitstallbesitzer versuchen sich zusätzlich abzusichern, indem sie Schilder an den Stallungen anbringen mit der Aufschrift „Betreten der Anlage auf eigene Gefahr", doch die Erfahrung zeigt, dass all diese rechtlichen Absicherungen bei einem Unfall mit Personenschaden kaum berücksichtigt werden.

Wer haftet, wenn ein unqualifizierter Reitlehrer einen Schüler auf ein Pferd setzt, mit dem dieser überfordert ist? Wer haftet, wenn es dann zu einem Unfall kommt? Was geschieht, wenn der Reitlehrer ohne ausreichende Kenntnisse eine Springstunde abhält, bei der einer der Schüler aufgrund des unsachgemäßen Unterrichtes zu Sturz kommt und sich verletzt? Die Gerichtshöfe haben entschieden, dass der Reitlehrer sehr wohl haftet, wenn es aufgrund der Überforderung eines Schülers zu einem Unfall kommt. Das heißt, der Schüler kann den Reitlehrer haftbar machen und Schadenersatz oder Schmerzensgeld einfordern. Die Höhe dieses Betrages richtet sich nach den Fachkenntnissen des Reitlehrers, das heißt: Wer ohne eine entsprechende Ausbildung Unterricht erteilt, ist offiziell ein Betrüger und kann dafür belangt werden. Tatsächlich kenne ich einen Fall, bei dem es zu einem diesbezüglichen Rechtsstreit gekommen ist und der selbst ernannte Reitlehrer durch Schadenersatzforderungen und eine Anzeige wegen Betruges finanziell ruiniert wurde.

Ich muss daher dringend raten, sich eine Tätigkeit als Reitlehrer oder als Trainer gut zu überlegen. Natürlich kann man sich rechtlich absichern, indem man wenigstens eine Haftpflichtversicherung für Reitlehrer abschließt. Jede größere Versicherungsgesellschaft bietet diese an. Doch die beste Versicherung ist die entsprechende Ausbildung (siehe unten). Sie dient dem Schutz des Reitlehrers, seiner Schüler und zu guter Letzt auch dem Schutz der Pferde.

Der Unterricht an der Longe ist eine verantwortungsvolle Aufgabe, legt er doch den Grundstein für die reiterliche Karriere des Schülers. Foto: Slawik

Was ist zu tun?

Für all jene, die sich trotzdem als nebenberuflicher Reitlehrer oder Trainer betätigen wollen, gibt es im Wesentlichen drei Möglichkeiten:

Tätigkeit als Reitlehrer: Meistens wird der Reitlehrer vom Reitstallbesitzer im Angestelltenverhältnis engagiert und dementsprechend bezahlt. Solche Reitlehrer haben im Stall einen Teilzeit-Schulbetrieb zu managen, der sich meistens auf die späten Nachmittags- und die Abendstunden beschränkt. Sie erteilen Reitunterricht beginnend beim Anfänger an der Longe bis hin zum Turnier-Reiter. Gleichzeitig muss der Reitlehrer selbstverständlich die Fähigkeiten und die Temperamente seiner Schulpferde einschätzen können. Er muss wissen, welcher Schüler mit welchem Pferd zurecht kommt.

Es ist ebenfalls seine Aufgabe, die Pferde zu korrigieren. Jeder weiß, dass gewitzte Tiere dazu tendieren, sich unter Anfängern oder unter Schülern Untugenden anzueignen: Sie lassen sich nicht mehr in die Ecken der Halle reiten oder verweigern und scheuen vor Minisprüngen. Reitlehrer müssen solche Unarten sofort erkennen und korrigieren, zum Schutz der Schüler und zum Wohle des Pferdes.

Tätigkeit als Trainer: Manche Reiter, die sich auf Turnieren bewährt oder gar dort Lorbeeren gesammelt haben, erteilen gerne Privatunterricht für Privatreiter, die sich fortbilden oder für Prüfungen und Turniere trainieren wollen. Auch hier erfordert der Unterricht viel pädagogisches Geschick, profundes Wissen und viel Erfahrung, um den Schüler auf höhere Aufgaben vorzubereiten. Dabei muss der Trainer neben den Möglichkeiten des Pferdes auch die Fähigkeiten des Reiters erkennen, richtig einschätzen und fördern.

Tätigkeit als Reitlehrer mit eigenem Pferd: Zu guter Letzt können Pferdebesitzer ihr eigenes Tier zum Unterricht zur Verfügung stellen, wie es tatsächlich häufig passiert. In vielen Ställen gibt es keinen professionellen, vom Stallbesitzer initiierten Schulunterricht mehr, weil sich der Aufwand bezahlter Reitlehrer und Schulpferde nicht lohnt. Hier springt nun ein Privateinsteller ein, der sein Pferd seinen Schülern, die er selbst akquiriert, zur Verfügung stellt und darauf Unterricht für Anfänger und Fortgeschrittene erteilt. Dabei gilt es, auf das Wohl des Pferdes und des Reiters zu achten. Wer will schon, dass das eigene Pferd von einem unbegabten Schüler verritten wird? Immerhin hat der Privatreitlehrer die Freiheit, seine Entscheidungen selbst zu treffen, wann, wie und vor allem wem er Unterricht erteilen will.

Reitlehrer, die ihrem Schüler das eigene Pferd zur Verfügung stellen, werden ganz besonders auf das Wohl von Reiter und Pferd achten. Foto: Slawik

➲ Welche Ausbildung ist notwendig?

Wie eingangs erwähnt, empfiehlt es sich aus rechtlichen Gründen und zum eigenen Schutz dringend, eine Reitlehrer-Ausbildung zu machen. Tatsächlich ist es in Deutschland einfacher eine Reitlehrerausbildung zu absolvieren als in Österreich, wo die Bestimmungen noch immer etwas unüberschaubar sind. Die FN (Federation Equestre Nationale) hat eine Art Karriereleiter konstruiert, die der angehende Reitlehrer kontinuierlich erklimmen kann, um immer besser und höher qualifiziert zu werden.

Auch die VFD (Vereinigung der Freizeitreiter und -fahrer in Deutschland e.V.) bietet eine gestufte Ausbildung an und bildet Übungsleiter und Reitlehrer aus.

Die einfachste, am schnellsten absolvierte Ausbildung ist zunächst die zum Trainer C bei der FN; in Österreich entspricht dies etwa der Ausbildung zum so genannten Übungsleiter. Um zum Lehrgang für die Ausbildung zum Trainer C zugelassen zu werden, muss man vorab einige Voraussetzungen erfüllen: selbstverständlich die Mitgliedschaft in einem Verein der FN, das vollendete 18. Lebensjahr, ein polizeiliches Führungszeugnis, Nachweis eines Erste-Hilfe-Kurses (den besitzt man bereits nach bestandener Führerscheinprüfung) sowie der Besitz des DRA (deutsches Reitabzeichen) Klasse III plus der Besitz des DLA (Deutsches Longierabzeichen) Klasse IV (dieses kann während des Lehrganges nachgeholt werden). Wer diese nicht allzu schwierigen Bedingungen erfüllt, absolviert einen dreiwöchigen Kurs, der mindestens 130 Stunden in Praxis und Theorie umfasst. Der Lehrgang kann auch in Wochenendkursen und Blockveranstaltungen abgehalten werden. Die Prüfung beinhaltet einen praktischen Teil in Dressur, Gelände und gegebenenfalls Longieren und einen theoretischen Abschnitt, der mündlich abgehalten wird. Geprüft werden Grundkenntnisse der Sportpädagogik, Richtlinien von Reiten und Fahren, Pferdehaltung und Veterinärkunde sowie sportbezogenes Basiswissen (Organisation, Sicherheit und anderes mehr). Wer diesen Lehrgang absolviert und die Prüfungen bestanden hat, darf offiziell als Trainer Klasse C unterrichten. Wenigstens diese Ausbildung sollte man hinter sich bringen, wenn man sich ernsthaft als Reitlehrer betätigen will – zur Sicherheit aller. Außerdem eröffnet die nachgewiesene Ausbildung zum Trainer C weitere Karrieremöglichkeiten, ein Grund mehr, sie zu absolvieren: Sie ist die Basis für eine Richterausbildung und für die weitere Karriere als Reitlehrer. Durch Fortbildungskurse wird man zum Trainer B (Reitwart) bis hin zum Trainer A (offiziell Amateurreitlehrer), als solcher kann man auch fortgeschrittene Reiter oder Turnierambitionierte unterrichten.

In der VFD werden angehende Reitlehrer zunächst zum Übungsleiter B (Schwerpunkt Basisreitausbildung) oder zum Übungsleiter W (Schwerpunkt Wanderreiten) ausgebildet. Die bestandene Prüfung gilt als Nachweis der fachlichen und sozialen Kompetenz zur Erteilung von Reitunterricht in Reitbahn und Gelände sowie der Vorbereitung auf Ausritte beziehungsweise Wanderritte in der Gruppe. Vorausgesetzt werden VFD- Mitgliedschaft, die VFD-Geländerittführerprüfung (mindestens seit einem Jahr), Teilnahme am Vorbereitungslehrgang „Übungsleiter Basisreitausbildung“ sowie aktuelle Erste-Hilfe-Kurse, ein Praktikum im vorgeschriebenen Umfang von 100 Unterrichtseinheiten in einer VFD-Ausbildungsstätte und ein Assistenznachweis von einem VFD-Ausbildungslehrgang, beim Übungsleiter W außerdem Nachweise der erfolgreichen Teilnahme an mindestens zwei Reitsportveranstaltungen im Gelände, sowie Nachweis über Organisation und Durchführung eines ausgeschriebenen dreitägigen Lehrwanderritts. Die Prüfung besteht aus einem theoretischen Teil, einer Reitprüfung in der Bahn, Beurteilungs- und Lehrproben und schriftlichen Themen-Ausarbeitungen. Die erworbene Übungsleiterqualifikation ist befristet auf zwei Jahre, zur Verlängerung ist alle zwei Jahre die Teilnahme an einer VFD- Übungsleiterweiterbildung erforderlich. Übungsleiter-Zusatzqualifikationen können erworben werden für Voltigieren, Freizeitreiten auf Westernbasis, Freizeitreiten mit Gangpferden, Distanzreiten, Therapie mit Pferden, Dressur, Springen, Reitbegleithundeausbilder und Pferdeausbilder.

Vielen mag dieser Weg vielleicht mühsam erscheinen, doch er dient dem eigenen Wohl und der Sicherheit aller. Es gibt übrigens selbstverständlich adäquate Ausbildungen für Western- oder Voltigierlehrer.

➲ Wie realisiere ich den Job?

Staatlich geprüfte Reitlehrer werden als Angestellte in größeren oder kleineren Betrieben ihr Auskommen finden. Wer als Privatlehrer mit eigenem Pferd Unterricht erteilen will, hat es schon schwerer, Kunden zu finden. Oft helfen da weder Anschläge noch Inserate in Fachzeitschriften, sondern ganz einfach nur die Mundpropaganda. Man kann jedoch auch versuchen, auf Turnieren oder bei Prüfungen Reiter anzusprechen und auf diese Weise potenzielle Kunden anzulocken.

➲ Wie viel kann ich verdienen?

Es ist erstaunlich, wie schlecht die meisten angestellten Reitlehrer bezahlt werden, obwohl es sich um eine ausgesprochen anstrengende Tätigkeit mit nicht unbeträchtlichen Qualifikationen handelt. Reitstallbesitzer sind meist nicht dazu bereit, in einen Schulbetrieb zu investieren, schließlich müssen sie dafür Schulpferde erwerben, diese durchfüttern und einen teuren Angestellten bezahlen.

In meiner gesamten Reiterlaufbahn ist mir nicht ein einziger Reitlehrer begegnet, der eine monatliche Fixgage mit Weihnachts- und Urlaubsgeld erhalten hätte. Meistens werden Reitlehrer als geringfügig Beschäftigte angestellt mit dem dazugehörigen Mindestgehalt. Sie verdienen dann an jedem Schüler und pro Stunde wenigstens die Hälfte des bezahlten Preises. Dies kann, wenn man ein guter Reitlehrer ist, zu einem durchaus beträchtlichen Einkommen führen. Meine allerdings hauptberufliche Reitlehrerin schaffte es sogar auf ein Monatseinkommen von 2000 bis 3500 Euro, doch war sie nur unfall- und krankenversichert. Geringfügig Beschäftigte haben keinen Anspruch auf Arbeitslosen- oder auf Rentengeld. Diesen Aspekt sollte man nicht vergessen.

Erfahrene Reittrainer (Trainer A) können je nach Qualifikation und Anforderungen zwischen 40 und 80 Euro pro Stunde verlangen. Reitlehrer mit eigenem Pferd müssen die Konkurrenz der großen Schulbetriebe im

Wer außergewöhnliche Lektionen wie etwa die spanische Reitweise beherrscht, wird als Lehrer kein Geheimtipp bleiben. Foto: Schmelzer

Auge behalten. Allerdings sind zehn bis 15 Euro pro Stunde inzwischen üblich.

Reitlehrer, die interessante und außergewöhnliche Lektionen lehren können, gelten immer noch als Geheimtipp und sind Mangelware: Ich spreche von jenen Trainern, die Interessenten Zirkuslektionen, spanische Reitweisen, Reiten im Damensattel, Stuntman-Fertigkeiten und anderes beibringen können. Da es diese Reitlehrer nicht mit Anfängern zu tun haben, benötigen sie keine großartige Ausbildung oder pädagogisches Geschick, sondern nur das nötige Fachwissen. Wer derartige Erfahrungen anbieten kann, muss bald kein Geheimtipp mehr bleiben, wobei auch hier die Frage der Haftung bei Unfällen geklärt werden muss!

Monty Roberts machte es vor: Das Geschäft der Pferdetherapeuten boomt. Foto: Slawik

Pferd okay – ich okay: Pferdetherapeut

Spätestens seit dem Film „Der Pferdeflüsterer" von und mit Robert Redford ist der amerikanische Pferdepsychologe Monty Roberts auch bei uns bekannt. Und spätestens nach diesem Ereignis haben einige Pferdeliebhaber vor allem weiblichen Geschlechts beschlossen, ebenfalls Pferdetherapeuten zu werden. Viele fühlen sich dazu berufen, den Tieren und damit auch deren Besitzern psychologisch zu helfen. Gleichzeitig hat man neben der Akupunktur und Homöopathie diverse andere alternative Heilverfahren (Reiki, Magnetfeldtherapie, Traditionelle Chinesische Medizin) wieder entdeckt. Ein Boom ist ausgebrochen.

In erster Linie profitieren die Ausbildungszentren, manchmal sogar Scharlatane von dieser neuen Begeisterung. Ich habe Pferdetherapeuten getroffen, die beispielsweise für das Auspendeln eines Pferdes 300 Euro verlangten, nur um dem Besitzer mitzuteilen, an welchen Krankheiten das Tier leidet. (Als ob man das nicht selbst wüsste!) Und ich habe Pferdepsychologen getroffen, die sich darauf spezialisiert hatten, Pferde in einen Hänger zu verladen – und zwar, indem die Tiere rückwärts in das gefährliche Gefährt einstiegen. Bei Lord bissen sie da aber auf Granit. Lord weigerte sich sogar, verkehrt herum einen Stall zu betreten, und ich ließ ihn gewähren. Ich würde ja auch nicht mit dem Rücken voraus einen Raum betreten. Sobald Lord vorwärts einsteigen konnte, er also das gefährliche Ding sehen durfte, gab es keinerlei Probleme, auch nicht mit dem rückwärtigen Aussteigen! Ich gestehe, ich bin dieser Mode-Erscheinung gegenüber sehr skeptisch eingestellt. Wer sein Pferd artgerecht hält und behandelt, das heißt für genügend Auslauf und Abwechslung beim Reiten sorgt, ebenso für ein Leben mit einer Pferdeherde, wird wohl kaum jemals einen Pferdepsychologen benötigen. Und wenn ein Tier ernsthaft krank ist, helfen meist weder Reiki noch Massagen, wie jeder Pferdebesitzer weiß (Dasselbe gilt übrigens auch bei den Gesundheitsproblemen der Menschen).

Trotzdem sind unzählige einschlägige Seminarzentren und Gesundheitsakademien wie Pilze aus dem Boden geschossen und verlangen manchmal Unsummen für eine Ausbildung, mit der sich später oft nichts oder nur wenig verdienen lässt. Eine dieser Gesundheitsakademien bietet zum Beispiel Massage-Kurse an, durch die man zum ausgebildeten energetischen Therapeuten avanciert. Es sind drei Kurse zu jeweils 450 Euro zu absolvieren, wobei die Abschlussprüfungstaxe bereits enthalten ist, und man erhält nach erfolgreicher Prüfung einen Gewerbeschein, um als energetischer Therapeut tätig werden zu können. Nicht enthalten in diesen Kursgebühren sind selbstverständlich die Anfahrts- sowie die Aufenthaltskosten. Manchem mag diese Ausbildung nicht teuer erscheinen, doch ich halte sie für äußerst kostspielig, vor allem wenn man bedenkt, dass man als energetischer Therapeut kaum viel Geld verdienen wird.

Daher empfehle ich dringend, sich dieses Berufsbild genauestens zu überlegen. Man sollte sich bewusst sein, dass die Konkurrenz sehr groß ist und es schwierig wird, wenigstens im Nebenjob tätig zu werden. Dennoch will ich natürlich niemanden von seiner Berufung abbringen. Wer sich zum Therapeutenberuf hingezogen fühlt, sollte sich dringend über die optimale Ausbildung informieren sowie Geduld, Ausdauer und Hartnäckigkeit aufbringen.

Im Wesentlichen unterscheide ich drei Aufgabenbereiche für Pferdetherapeuten: die des Pferdepsychologen, des Pferdeheilers und die des Hippotherapeuten, wobei in diesem Fall nicht das Pferd, sondern der Mensch mit Hilfe des Pferdes therapiert wird.

Der Pferdepsychologe

➲ Was ist zu tun?

Monty Roberts machte es vor: Die Beziehung zwischen Pferd und Reiter soll gewaltfrei sein; der Mensch muss auf die Eigenart und auf die angeborenen Instinkte des Tieres eingehen, um eine optimale und für beide Seiten befriedigende Zusammenarbeit zu ermöglichen.

Die Aufgabe eines Pferdepsychologen oder eines „Pferdeflüsterers" besteht nun darin, Problemtiere zu korrigieren und das Vertrauen zwischen Mensch und Tier wieder herzustellen. Wenn man ein Pferd erwirbt, kann man nicht wissen, was diesem zuvor schon zugestoßen ist. Verhaltensauffälligkeiten zeigen sich erst nach einigen Tagen oder Wochen und sind nicht immer Gewährsmängel. Hier kann

Die Aufgabe eines Pferdeflüsterers besteht darin, das Vertrauen zwischen Mensch und Tier wieder herzustellen.
Foto: Slawik

die Hilfe eines Pferdepsychologen durchaus von Nutzen sein. Lord beispielsweise war nach seiner langjährigen Erfahrung als Schulpferd äußerst kopfscheu. Er ließ sich zwar zäumen, mochte es aber gar nicht, wenn man ihm an den Kopf griff oder ihm vielleicht die Stirn streicheln wollte. Ich habe solche Berührungen ganz einfach lange Zeit unterlassen und Lord selbstverständlich nie geschlagen. Nach mehr als einem Jahr gehörte die Kopfscheu der Vergangenheit an, und dies ohne die Hilfe eines Pferdepsychologen.

➲ Welche Ausbildung ist notwendig?

Für angehende Pferdeflüsterer ist es trotz des Booms immer noch schwierig, eine optimale Ausbildung zu finden. Nicht jedem ist es möglich in die USA zu ziehen, um sich vom Meister Monty Roberts persönlich instruieren zu lassen.

Manche Institute bieten Fernstudien zur Tierpsychologie an (das Problem dabei: Was ist mit der Praxis?), und es gibt Kurse in diversen Seminarzentren oder Akademien. Für alle, die sich ernsthaft mit dieser Ausbildung auseinander setzen wollen, gibt es eine Unzahl an Literatur und Videos.

➲ Wie realisiere ich den Job?

Hier komme ich zum vielleicht schwierigsten Abschnitt des gesamten Buches. So genannte Pferdepsychologen gibt es inzwischen wie Sand am Meer. Viele haben eine eigene Homepage mit Links zu Pferdeforen, auf denen sie versuchen, potenzielle Kunden anzusprechen; viele inserieren sogar in Pferdefachzeitschriften, und bei vielen hilft die Mundpropaganda weiter. Trotzdem bleibt es problematisch. Die Zusammenarbeit mit einem Tierarzt ist zu empfehlen; in Zeitschriften sollte man nicht nur Inserate, sondern wenn möglich umfassendere Artikel, die über die psychologische Arbeit berichten, veröffentlichen.

➲ Wie viel kann ich verdienen?

Der Verdienst eines Pferdepsychologen ist nicht reglementiert. Man kann selbst bestimmen, wie viel man für welche Tätigkeit verlangt. Und tatsächlich sind manche verzweifelte Pferdebesitzer bereit, wahre Fantasiepreise zu bezahlen.

Wer jedoch seriös bleiben will, kann je nach Einsatz und Aufgabe ab 100 Euro verlangen.

Der Pferdeheiler

➲ Was ist zu tun?

Der zweite Aufgabenbereich umfasst alle alternativen Heilmethoden, wobei laufend neue dazu gefunden werden: Reiki, Magnetfeldtherapie, chinesische Kräutermedizin, Tellington-Touch, Massagen und viele mehr. Dieser Pferdetherapeut wird bei kranken Tieren ergänzend zur Schulmedizin herangezogen.

Chinesische Kräutermedizin und Behandlungen mit Blütenessenzen kommen ergänzend zur Schulmedizin zum Einsatz. Foto: Schmelzer

➲ Welche Ausbildung ist notwendig?

Es würde den Rahmen dieses Buches sprengen, wenn ich alle im deutschsprachigen Raum existierenden Ausbildungsangebote auflisten würde. Sie finden daher einige relevante Tipps im Anhang.

➲ Wie realisiere ich den Job?

Gleich vorweg: Die Konkurrenz ist groß! Gerade die Pferdeheiler sehen sich mit unzähligen diplomierten Tierärzten konfrontiert, die mühelos diese Konkurrenz aus dem Felde schlagen, weil sie alternative Heilmethoden zusätzlich zur Schulmedizin anbieten. Fast jeder Tierarzt kennt sich heute mit Akupunktur, Homöopathie oder mit diversen Massagetechniken bestens aus. Außerdem sind Tierärzte oft mit der entsprechenden Gerätschaft besser ausgestattet und verfügen bereits über einen bestehenden Kundenstock.

Die Ausbildung zum Pferdeheiler empfiehlt sich daher fast ausschließlich für all jene, die zusätzliches Fachwissen zu einer anderen Tätigkeit erwerben wollen: für Tierärzte, für Hufschmiede, für Reitlehrer oder für Pferdepsychologen.

➲ Wie viel kann ich verdienen?

Wenigstens ab und zu wird bei seriösen Gesundheitsakademien oder Ausbildungszentren dringend darauf hingewiesen, den Brotjob auf gar keinen Fall

Fast jeder Tierarzt kennt sich heute mit diversen Massagetechniken bestens aus. Foto: Slawik

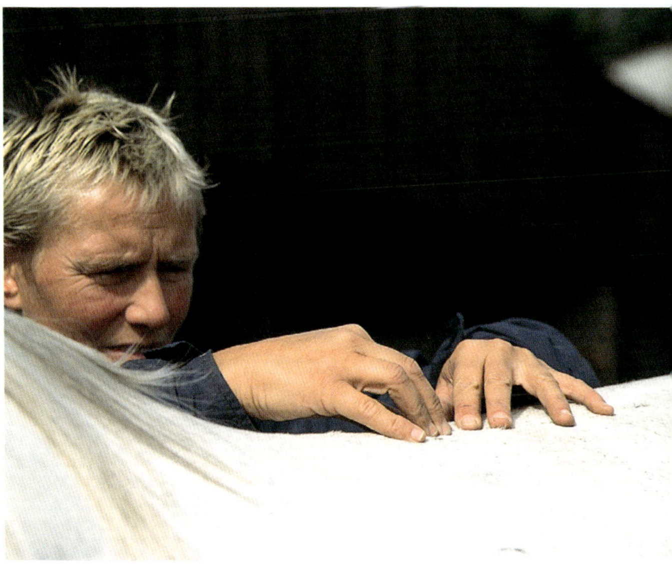

aufzugeben. Pferdepsychologen und Pferdeheilpraktiker können fast ausschließlich im Nebenjob arbeiten. Und wie schon gesagt, die Konkurrenz ist groß, die Möglichkeit, mit dem teuer erworbenen Wissen Geld zu verdienen eher gering.

Doch wer es schafft, sich einem Tierarzt anzuschließen oder mit Seminarkollegen eine eigene Gemeinschaftspraxis zu eröffnen, dem steht ein interessantes Betätigungsfeld offen, das mittelfristig auch zu einem interessanten Zusatzeinkommen führen kann.

Der Hippotherapeut

Immer stärker wächst das Interesse an der Hippotherapie, an der Arbeit mit behinderten oder gesunden Menschen mit Hilfe der Pferde. Mediziner und Psychologen sind sich einig, dass der Umgang mit Pferden und das Reiten nicht nur den Körper, die Muskulatur und den Gleichgewichtssinn des Menschen stärkt, sondern auch seinen Geist, die Kommunikationsfähigkeit und das Einfühlungsvermögen.

Die Hippotherapie umfasst daher zwei Betätigungsfelder: Sie hilft einerseits körperlich und geistig behinderten Menschen durch das Reiten oder die Arbeit mit dem Pferd eine bessere Bewegungskoordination zu erlangen, und bietet auf der anderen Seite gesunden Menschen die Möglichkeit, durch den Umgang mit dem Pferd ihre Persönlichkeit weiterzuentwickeln, vor allem das Durchsetzungs- und das Einfühlungsvermögen.

Hippotherapeuten arbeiten auf unterschiedlichste Weise mit gesunden oder kranken Menschen und finden ein weites Betätigungsfeld.
Foto: Schmelzer

Therapien mit Pferden werden sogar Managern angeboten, die durch den Umgang mit den Tieren einen einfühlsameren, effizienteren Führungsstil entwickeln sollen. Gerade dieser zweite Zweig ist stark im Kommen.

Die Hippotherapie ist sicherlich einer der schönsten Aufgabenbereiche mit einem Pferd. Therapeuten dafür werden gesucht, eine Berufschance ist ihnen gewiss.

➲ Was ist zu tun?

Hippotherapeuten helfen ihren Klienten, durch den Umgang mit dem Pferd und durch das Reiten Körper, Seele und Geist zu stärken. Sie arbeiten auf unterschiedliche Weise intensiv mit gesunden oder kranken Menschen und müssen selbstverständlich ein untrügliches Gespür für die Eigenheiten und Bedürfnisse des vierbeinigen Therapie-Partners besitzen.

➲ Welche Ausbildung ist notwendig?

Leider kann nicht jeder den Beruf eines Hippotherapeuten ergreifen. Voraussetzung dafür ist, dass der Interessent auch im Hauptberuf einer pädagogischen Arbeit nachgeht.

Hippotherapie-Ausbildung für Physiotherapeuten: Wer als Physiotherapeut hauptberuflich tätig ist, kann eine Zusatzprüfung zum Hippotherapeuten ablegen. Voraussetzungen ist neben der Qualifikation zum Physiotherapeuten das Deutsche Reitabzeichen Klasse III oder das adäquate Abzeichen für Westernreiter. Ausbildungslehrgänge werden vom Deutschen Kuratorium für Therapeutisches Reiten e.V. angeboten und abgehalten. Es sind 50 Übungen á 50 Minuten zu besuchen. Die Prüfung umfasst einen praktischen Teil – Reiten und Longieren – und einen theoretischen vor allem zur Veterinärkunde und Pferdehaltung. Nach bestandener Prüfung darf sich der Physiotherapeut nun offiziell „Therapeut für Hippotherapie" nennen.

Therapien mit Pferden helfen sogar Managern einen einfühlsameren Führungsstil zu entwickeln. Foto: Schmelzer

In Österreich sind die Bestimmungen ähnlich. Auch hier steht die Ausbildung zum Hippotherapeuten nur gelernten und praktizierenden Physiotherapeuten offen, sie müssen jedoch eine zweijährige Praxis in der Arbeit mit Behinderten vorweisen können. Der Ausbildungslehrgang findet in zwei Teilen zu jeweils neun Tagen statt und schließt wieder mit einer Prüfung in Theorie und Praxis ab.

Hippotherapie-Ausbildung für Lehrer, Erzieher, Pädagogen und. Sozialarbeiter, Psychologen, Psychotherapeuten: Diesen Berufsgruppen bietet das Deutsche Kuratorium für Therapeutisches

Reiten eine Zusatzqualifikation für das heilpädagogische Voltigieren und Reiten an. Dabei ist nicht nur der Hauptberuf Voraussetzung, sondern auch die Ausbildung zum Trainer C (siehe Reitlehrerausbildung).

Bevor man nun zu diesem Kurs antritt, muss ein 40-stündiges Praktikum nachgewiesen werden. Erst dann darf man am eigentlichen Lehrgang teilnehmen, der 150 Stunden umfasst und entweder über einen Zeitraum von zwei Wochen oder an Wochenenden in Blockveranstaltungen abgehalten wird. Bei der Prüfung ist neben der Praxis (Kolloquium) eine schriftliche Hausarbeit vorgesehen. Nach bestandener Prüfung erhält man den Befähigungsnachweis zum „Therapeuten für heilpädagogisches Reiten und Voltigieren".

In Österreich hingegen darf jeder eine Ausbildung zum heilpädagogischen Reitlehrer absolvieren. Diese erstreckt sich jedoch über zwei Jahre und beinhaltet einen einwöchigen Grundkurs, das Erarbeiten einer Hausarbeit innerhalb eines Jahres und das selbständige Leiten einer Gruppe sowie den einwöchigen Abschlusskurs mit kommissioneller Prüfung. Alle heilpädagoischen Reitlehrerausbildungen werden vom Österreichischen Kuratorium für therapeutisches Reiten durchgeführt.

➲ Wie realisiere ich den Job?

Die Hippotherapie ist stark im Kommen, wie auch andere Therapien mit Hilfe von Tieren. Sogar an Volkshochschulen werden Kurse zur Persönlichkeitsentwicklung mithilfe von Pferden angeboten. Wer daher alle Voraussetzungen erfüllt und Interesse an einer interessanten und lukrativen Nebentätigkeit hat, sollte intensiv über diese Ausbildung nachdenken. Anschließend kann man sich an Volkshochschulen oder bei psychologischen und physiotherapeutischen Instituten bewerben. Die Nachfrage ist im Moment recht groß. Wer selbständig bleiben will, muss in einschlägigen Fachzeitschriften in der medizinischen Fachpresse Inserate schalten.

➲ Wie viel kann ich verdienen?

Hippotherapeuten werden entweder von Instituten auf Werksvertragsbasis engagiert und bezahlt oder arbeiten auf selbständiger Basis. Letztere können ihr Gehalt selbst bestimmen, 50 bis 80 Euro pro Stunde sind möglich.

Die Stimme der Gerechtigkeit: Richter

Viele mögen es kaum glauben, doch Richter, die bei Turnieren oder Prüfungen über das Können von Reiter und Pferd entscheiden, sind auch nur Menschen. Sie müssen, wie wir alle, eine Ausbildung absolvieren und häufig ihre Wochenenden oder gar Urlaube opfern, um ihrer Tätigkeit nachzugehen. Dafür allerdings haben sie einen Job erkoren, der ein sicheres und nicht zu geringes Nebeneinkommen garantiert!

Tatsächlich muss sich ein ausgebildeter Richter dazu verpflichten wenigstens zehn Prüfungen oder Turniere im Jahr zu absolvieren, um seine Lizenz zu behalten. Er muss sich sogar krankmelden oder sich beurlauben lassen, wenn er seinen Verpflichtungen nicht nachkommt, er kann

Je nach Qualifikation beurteilt der Richter nur einfache Prüfungen oder auch nationale oder gar internationale Wettbewerbe.
Foto: Slawik

seine Lizenz aber auch ruhen lassen. Ebenfalls vorgesehen ist eine Altersbeschränkung: Richter darf man erst ab 25 werden und längstens bis zum vollendeten 70. Lebensjahr bleiben.

Wie man also sieht, ist das Richter-Dasein eine verantwortungsvolle Tätigkeit, die neben der Ausbildung auch noch persönliche Unabhängigkeit, Mobilität und Flexibilität erfordert. Im Gegenzug dafür kommt man im Land herum, lernt interessante Menschen und Pferde kennen und wird, wie schon erwähnt, dafür bestens und regelmäßig bezahlt. Es ist daher schwer verständlich, warum sich für diesen Job nur wenige Reiter interessieren. Richter zu sein wird seltsamerweise auch nicht idealisiert, wie etwa die Tätigkeit der Pferdetherapeuten. Pferdetherapeuten gibt es wie Sand am Meer; Richter hingegen werden dringend gesucht, wie man mir händeringend versicherte.

➲ Was ist zu tun?

Fast jeder Reiter hat schon mit ihnen zu tun gehabt und musste sich ihren strengen prüfenden Blicken unterziehen. Richter sind nicht nur bei Spring- oder Dressur-Turnieren tätig, sondern nehmen auch die notwendigen Prüfungen in der Ausbildung jedes Reiters ab. Je nach Qualifikation und Erfahrung des Richters beurteilt er nur einfache Prüfungen oder kommt auch bei nationalen Wettbewerben oder gar internationalen Sportveranstaltungen zum Einsatz. Selbstverständlich kann sich ein Richter auch spezialisieren: auf Dressur, auf Springen oder auf das Fahren und Westernreiten.

➲ Welche Ausbildung ist notwendig?

Wie bei den meisten Ausbildungen müssen auch Richter zunächst bestimme Voraussetzungen erfüllen, um ihren

Berufswunsch umsetzen zu können: Das Mindestalter beträgt 25 Jahre (dafür darf man bis zum 70. Lebensjahr Richter bleiben!), selbstverständlich muss man die Mitgliedschaft bei der FN nachweisen können und ein polizeiliches Führungszeugnis vorlegen. Die wesentlichen Bedingungen sind jedoch: Der Bewerber muss die Ausbildung zum Trainer C absolviert haben und entweder das Deutsche Reitabzeichen Klasse III oder eine entsprechende Platzierung der Klasse L in Dressur, Springen oder Vielseitigkeit vorweisen können. Anstelle dieser Bedingungen kann er auch eine Platzierung in einem der oben genannten Bewerbe in Klasse M erbringen und die Ausbildung zum Trainer A erfolgreich bestanden haben.

Der Bewerber holt sich ein Antragsformular bei der Landeskommission für Pferdeleistungsprüfungen (LK) und füllt dieses aus. Anschließend wird er in eine Richteranwärterliste aufgenommen, in der er mindestens ein Jahr lang geführt wird. Als Richteranwärter muss er an einer festgelegten Anzahl von Turnieren als Richteranwärter oder als Parcourschef-Assistent teilnehmen. Erst nach Erfüllung dieser Voraussetzungen darf der Richteranwärter einen dreitägigen Lehrgang besuchen und sich nach bestandener Prüfung Richter nennen.

Das klingt nun schrecklich kompliziert, ist es aber nicht. Die Ausbildung zum Trainer C und eine Platzierung in Klasse L sind schnell erreicht, ebenso das Deutsche Reitabzeichen Klasse III. Sogar eine Platzierung in Klasse M kann bewerkstelligt werden. Von der Prüfung, die auch eine schriftliche Klausur beinhaltet, darf man sich nicht abschrecken lassen. Der Lehrgang und die Prüfungen finden an einem von der Landeskommission festgesetzten Ort statt, wo auch die Gebühren eingehoben werden. Wer sich dieser Prozedur unterzieht, dem steht eine Karriereleiter offen, auf der Anerkennung und Erfolg winken: vom Richter für Klasse L zu Klasse M, dann zu Klasse S, bis man an der Spitze der Pyramide zum Richter für Internationale Turniere wird. Natürlich dauert dies einige Jahre, denn zuerst muss man mindestens ein Jahr lang als einfacher Richter fungieren, bevor man die Prüfung für Klasse M absolvieren darf, dann mindestens zwei Jahre für Klasse S, und so fort. Doch wer fleißig und ehrgeizig ist, kann die Stufen dieser Karriereleiter eifrig hinaufklettern, denn es winkt ein prestigeträchtiger und lukrativer Nebenjob, der sich an der Spitze der Pyramide als gut bezahlter Hauptberuf entpuppt.

In Österreich sind die Bestimmungen nicht so klar definiert: Jedes Mitglied eines einem LFV (Landesfachverband) angeschlossenen Vereins kann sich um die Ausbildung zum Richter bewerben. Voraussetzungen sind lediglich das Mindestalter von 25 Jahren (Höchstalter 60 Jahre) und eine ausreichende praktische Erfahrung inklusive Turniererfolge. Der Bewerber wird zu einem Eignungstest eingeladen und kann, wenn er zugelassen wird, anschließend die Ausbildung absolvieren. Als erste Stufe ist die Prüfung zum Richter für Material- und Zuchtstutenprüfungen vorgesehen. Erst dann folgt der eigentliche Richterlehrgang. Wie auch die Wanderrittführer müssen Richter in Österreich alle zwei Jahre Fortbildungskurse absolvieren, um ihre Lizenzen zu verlängern. Durch diese und durch eine nachgewiesene Praxis steigt der Richter in höhere Klassen auf.

➲ Wie realisiere ich den Job?

Richter müssen sich nicht um Aufträge oder um Kunden bemühen. Einsatzart und -orte werden ihnen von den Landesfachverbänden übermittelt. Allerdings verpflichtet sich ein Richter, an mindestens zehn Veranstaltungen pro Jahr teilzunehmen, meist in der Hauptsaison zwischen April und Oktober.

➲ Wie viel kann ich verdienen?

Der Beruf eines Richters wird gut bezahlt, ab etwa 100 bis 150 Euro pro Tag aufwärts. Wer da regelmäßig an Prüfungen oder Turnieren teilnimmt, hat sich tatsächlich einen lukrativen und äußerst angenehmen Nebenjob erarbeitet. Meist wird man von den Veranstaltern auch noch gratis verköstigt, sodass nur die Investition für die Anreise (Benzingeld) abgezogen werden muss.

Wie hoch das Einkommen von Richtern höherer Klassen ist, wird leider als Geheimnis gehütet. Doch Richter für internationale Turniere sind sicherlich bestens bezahlt, abgesehen davon, dass der Veranstalter zusätzlich die Kosten für Anreise und Aufenthalt am Austragungsort übernimmt. Für Ehrgeizige ist dies also der richtige Nebenjob!

Die Ausbildung zum Richter ist relativ einfach zu bewerkstelligen, die Nachfrage sehr groß. Foto: Slawik

Längere Ausritte machen in der Gruppe nicht nur mehr Spaß, sondern sind auch sicherer. Foto: Slawik

Nebenjobs
für Pferdeliebhaber mit eigenem Pferd

In die große weite Welt: Wanderrittführer

Die meisten Reiter, die ich kenne, sind so genannte Freizeit- und Hobbyreiter. Für sie stellt die größte Freude am Reiten ein Ausritt im Gelände dar, und zwar zu jeder Jahreszeit und beinahe bei jedem Wetter. Das Problem ist nur, dass die meisten Reiter berufstätig sind und sich erst am Abend, wenn es schon dunkel ist, um ihre Schützlinge kümmern können. An den Wochenenden wagen sie es dann oft nicht, mit ihren bereits übermütigen Pferden ins Gelände zu gehen.

An dieser Stelle sei mir die Anmerkung gestattet, dass es wirklich dringend zu empfehlen ist, sich nicht alleine ins Gelände zu wagen, auch nicht mit dem eigenen, vermeintlich sicheren Pferd. Eine erst 19-jährige Reiterin in unserem Stall stürzte während eines Ausrittes von ihrem Pferd, das sie seit neun Jahren besaß und bestens kannte, so schwer, dass sie an den Folgen starb. Vielleicht hätte sie überlebt, wenn sie in Begleitung gewesen wäre. Ihr Pferd kehrte erst Stunden später in den Stall zurück, sodass der Unfall von niemandem rechtzeitig bemerkt wurde.

Sicherlich ist es oft nicht einfach, einen Gefährten für Ausritte in freier Natur zu finden. Und viele Reiter, die gezwungen sind, abends in der Halle oder im Viereck zu reiten, kennen sich im Gelände nicht gut genug aus, um sich orientieren zu können. Bleibt ihnen da keine andere Alternative, als im Stallgelände zu versauern? Ich gestehe, ich kenne dieses Problem nur zu gut. Doch früher war ich jünger, mutiger und leichtsinniger und erkundete die Umgebung unseres Stalles mit Lord alleine. Bald war ich ein Ausreit-Experte, und andere Reiter und Pferdebesitzer schlossen sich uns gerne an. Erst viel später erfuhr ich von den verschiedenen Lehrgängen zum Wanderrittführer. Ich habe es bereut, diese Ausbildung nicht gemacht zu haben.

➲ Was ist zu tun?

Kleine, zwei- oder dreistündige Ausritte zu unternehmen, stellten für Lord und mich kein Problem dar. Schwieriger wurde es allerdings Tagesritte mit Einkehr zu organisieren. Und für Mehrtagesritte mit Verpflegung fehlte mir das Knowhow und, was ja gerade bei Angehörigen des weiblichen Geschlechts häufiger vorkommt, die Orientierung! Für einen ausgebildeten und versierten Wanderrittführer stellt all das kein Problem dar. Er plant Ein- oder Mehrtagesritte in fremdes unbekanntes Gelände und manchmal sogar längere Trekkingtouren. Eine Freundin ritt mit einer geführten Gruppe von Wien in die Slowakei und wieder zurück und schwärmte von dieser Tour noch jahrelang.

Der Wanderrittführer wählt die bestmögliche oder schönste Route aus, angepasst an die reiterlichen Fähigkeiten der Teilnehmer und an die Kondition der

Der Wanderrittführer sorgt nicht nur für die Wahl der Route und Unterkunft für Mensch und Tier, sondern auch für vergnügliche Pausen unterwegs. Foto: Slawik

Pferde; er sucht Unterkünfte, Verpflegung für Reiter und Pferd und er kennt rettende Alternativen bei Wetterumschwüngen oder bei unvorhergesehenen Zwischenfällen wie Unfällen, Verletzungen oder Erschöpfung eines Teilnehmers. Verantwortungsvolle Wanderrittführer werden vor allem bei mehrtägigen Trekkingtouren einen begleitenden PKW organisieren, der mit Verpflegung und medizinischer Notversorgung zur Stelle sein kann, wenn es nötig ist. Neben diesen Aufgaben sollte der erfahrene Wanderrittführer auch auf seine Gruppe achten, auf das Tempo und auf die Disziplin. Niemals sollte ein Wanderrittführer andere Reiter hetzen oder mit langen Schrittpassagen langweilen.

➲ Welche Ausbildung ist notwendig?

Wie schon bei den Reitlehrern ist auch im Fall des Wanderrittführers die rechtliche (Haftungs-) Frage ein wesentlicher Aspekt. Natürlich kann jeder Reiter, der sich im Gelände rund um den Stall bestens auskennt, einen Ausritt organisieren und Teilnehmer akquirieren wie ich es getan habe. Doch bei längeren Ausritten empfiehlt es sich auf jeden Fall die Ausbildung zum Wanderrittführer vorweisen zu können. Außerdem ist der Lehrgang eine willkommene Abwechslung für Pferd und Reiter. Die Ausbildung zum Wanderrittführer wird in Deutschland angeboten von der VFD und von der FN.

Die VFD-Wanderrittführer-Prüfung kann bei folgenden Voraussetzungen abgelegt werden: Mindestalter 18 Jahre, VFD-Mitgliedschaft, VFD-Wanderreiterprüfung seit mindestens einem Jahr, Teilnahme am Vorbereitungslehrgang „Rittführung" sowie verschiedene aktuelle Erste-Hilfe-Kurse. Nachgewiesen werden muss zudem die Teilnahme an mindestens 20 Reittagen auf mehrtägigen Wanderritten, davon ein Ritt mit mindestens sieben Tagen Dauer unter der Leitung eines geprüften Wanderrittführers. Die theoretische Prüfung besteht aus den Prüfungsteilen Pferdekunde, Kartenkunde und Orientierung, Vorschriften für das Reiten mit Gruppen im Gelände und Straßenverkehr, Verhalten in Pausen und bei extremen Wetterverhältnissen sowie Planung von Wanderritten für Gruppen und Rittführung. Praktisch geprüft wird die Planung, Ausschreibung, Vorbereitung und Durchführung eines zweitägigen Prüfungsritts mit mindestens fünf Teilnehmern, Orientierungs- und Sonderaufgaben und das Reiten mit Packpferd. Ein Rittführer-Lehrgang mit mindestens 40 Unterrichtseinheiten dient zur Vorbereitung von Wanderrittführer-Anwärtern auf die Prüfung. Der Lehrgangsinhalt umfasst unter anderem folgende Themen: Aufgaben des Rittführers, Haftung des Rittführers, reiterliches Können und Ausbildungsstand des Pferdes bei Rittführern, Reiten mit Handpferd, Vorbereitung und Planung von Gruppenritten, Streckenwahl, Wahl von Quartieren, Sicherheitsvorkehrungen, Vorbestellungen und Genehmigungen, Gruppenordnung und Reitdisziplin, Erstellen von behelfsmäßigen Pferdeunterkünften, Tränken und Füttern unterwegs und im Quartier, Verhalten bei Zwischenfällen (Probleme mit Ausrüstung oder Beschlag, Unfälle mit Verletzung eines Pferdes oder Reiters), Berücksichtigung von Wetterverhältnissen und anderes mehr.

Die Ausbildung zum Wanderrittführer ist interessant und bietet eine schöne Abwechslung für Reiter und Pferd.
Foto: Slawik

Für die Prüfung bei der FN sind nötig: das vollendete 18. Lebensjahr, die Mitgliedschaft in der FN sowie die Vorlage des obligatorischen polizeilichen Führungszeugnisses. Ebenso sollte man entweder die Ausbildung zum Beritt-Führer absolviert haben (die darf man schon mit 16 Jahren ablegen) oder Besitzer des Wanderreit-Abzeichens Klasse II sein. Erst dann wird man zum Lehrgang für Wanderrittführer zugelassen. Dieser umfasst 30 Übungsstunden und wird daher gerne in Blockveranstaltungen oder an Wochenenden abgehalten. Der Lehrgang beinhaltet einen praktischen Teil, bei dem man einen mehrtägigen Wanderritt durch fremdes Gelände planen und führen muss, sowie die übliche Theorie: Pferdepädagogik, Ausrüstung, Vorbereitung und Durchführung eines Wanderrittes, Einsatz von Karte und Kompass, Natur- und Umweltschutz, Veterinärkunde, Beurteilung der Verfassung des Pferdes und mehr. Wer an diesem Lehrgang erfolgreich teilgenommen hat, erhält das Zertifikat Wanderrittführer und darf nun offiziell einem der schönsten Hobbys frönen. Ähnliche Bestimmungen gelten, wenn man sich zum Westernwanderreitführer ausbilden lassen will.

Die Bestimmungen in Österreich sind ähnlich gelagert, unterscheiden sich jedoch in einigen Details: Der Anwärter muss mindestens 19 Jahre alt sein, ebenfalls einen Erste-Hilfe-Kurs absolviert haben und im Besitz einer Reiternadel oder einer höheren Qualifikation sein. Vor dem Kurs muss er noch einen Eignungstest bestehen. Der Lehrgang selbst dauert vier bis fünf Tage und schließt mit einer mündlichen Prüfung und mit dem Zertifikat zum Wanderrittführer ab. Es gelten jedoch verschärfte Bestimmungen für den Erhalt der Qualifikation, um, wie es im Fachjargon heißt, Karteileichen auszusortieren. Wanderrittführer in Österreich müssen alle zwei Jahre einen Fortbildungskurs besuchen, um ihr Zertifikat behalten zu können.

➲ Wie realisiere ich den Job?

Ist man einmal stolzer Besitzer des Zertifikates für Wanderrittführer, ergeben sich genug Möglichkeiten, damit Geld zu verdienen. Viele Reitställe in ländlicher Umgebung versuchen sich als Pferdepensionen zu etablieren, die einen Urlaub zu Pferde offerieren. Mit etwas Glück kann man sich bei diesen bewerben und sozusagen ein angestellter Wanderrittführer werden. Wer allerdings ungebunden und freiberuflich bleiben will, der muss in diversen Reitställen selbst Kunden akquirieren. Dabei empfiehlt sich die übliche Vorgehensweise: Anschläge im Reiterstüberl, in denen man geplante Wanderritte bekannt gibt und Kunden sucht, und eventuell Inserate in regionalen Fachzeitschriften. Wie häufig hilft auch hier die Mundpropaganda weiter: War ein Wanderritt ein großer Erfolg, werden die Teilnehmer nicht nur wieder mitmachen, sondern es auch anderen erzählen. Dadurch kann man sich einen festen Kundenstock aufbauen, mit dem man immer wieder kürzere oder längere Ritte unternehmen kann.

➲ Wie viel kann ich verdienen?

Wer als Wanderrittführer in einer Pferdepension ein Engagement finden konnte, wird wahrscheinlich pauschal pro Ausritt bezahlt und muss dies mit dem Reitstallbesitzer verhandeln. Freie, also unabhängige Wanderrittführer können ihren Lohn selbst bestimmen. Dieser hängt selbstverständlich vom Aufwand, der Länge der Route und anderen Umständen ab. Doch mit zehn Euro pro Teilnehmer pro Stunde kann man nichts falsch machen, und es wird sich niemand über den Tisch gezogen fühlen. Für Mehrtages-Ritte empfiehlt sich die Verrechnung eines Pauschalbetrages. Die Kosten für Unterkunft und Verpflegung bei einem Mehrtagesritt müssen die Teilnehmer natürlich extra bezahlen.

Filmstar auf vier Beinen: Reiten für Film und TV

Wie Sie bereits im Vorwort lesen konnten, hatten Lord und ich im Sommer 1993 die Gelegenheit, in einer internationalen Filmproduktion mitzuwirken, nämlich in der Walt-Disney-Version von Alexandre Dumas' „Die Drei Musketiere“ mit Charlie Sheen und Kiefer Sutherland in den Hauptrollen. Da Lord genügend Nervenstärke besaß, wurde er gerne und oft engagiert, schließlich wurde er sogar vom Stuntman des D`Artagnon geritten. Das Einkommen war enorm: Lord verdiente in knapp drei Monaten das Doppelte seines Kaufpreises.

Im deutschsprachigen Raum werden wieder verstärkt internationale Filme gedreht: vor allem TV-Mehrteiler, man denke an „Katherina die Große“ mit Catherine Zeta Jones in der Titelrolle oder an die europäische Großproduktion „Napoleon“. Sogar in Werbespots kommen immer wieder Pferde zum Einsatz.

Bei den „Drei Musketieren" wurden für spezielle Stuntszenen (Umfallen mit Reiter auf Kommando, tot stellen und Ähnliches) zwar eigens dafür trainierte Pferde aus Spanien importiert, doch für viele Einstellungen, wie Verfolgungsjagden und Massenszenen, wurden ganz normale Pferde benötigt und von ebenso normalen Reiter geritten. Diese lokalen Komparsen werden daher immer wieder verzweifelt gesucht.

Lord und ein Stuntman warten auf ihren Einsatz. Geduld ist im Film-Business absolut notwendig. Foto: Schlosser

Was ist zu tun?

Man muss kein Stuntman sein, um im Film zu reiten. Die wichtigste Voraussetzung ist ein nervenstarkes Pferd, das man jederzeit und überall unter Kontrolle hat. Daher sollte man sich vorab davon überzeugen, ob das eigene Pferd als Filmstar wirklich geeignet ist: Steigt es gerne und ohne Probleme in Hänger oder Pferdetransporter ein? Scheut es nicht vor vielen Menschen, vor Lärm und vor ungewohnten Geräuschen? Fühlt es sich nur selten von neuen Aufgaben überfordert? Wer ein nervenstarkes und lernfreudiges Tier besitzt, der kann sein Glück beim Film versuchen. Die Aufgaben, die dort zu bewältigen sind, stellt der Regisseur, Reiter und Pferd machen willig mit.

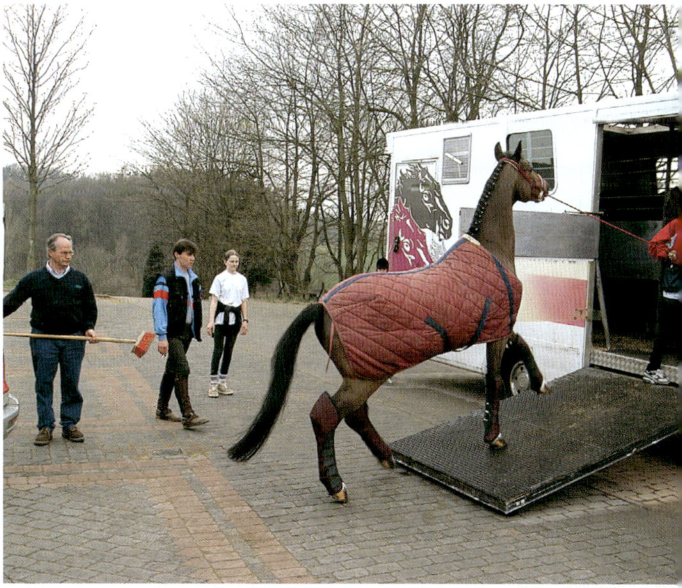

Problemloses Einsteigen in den Transporter ist eine wichtige Voraussetzung für den potenziellen Filmstar. Foto: Slawik

Welche Ausbildung ist notwendig?

Gar keine, nicht einmal der Reitpass (zumindest fragt niemand danach). Aber reiten sollte man können und ein nervenstarkes Tier besitzen.

Wie realisiere ich den Job?

Ich gestehe, ich hatte Glück. Der Besitzer des Stalles, in dem Lord stand, hatte bereits für einige Film- und TV-Produktionen Pferde zur Verfügung gestellt, daher war er den Casting-Agenturen bestens bekannt. Er musste sich selbst nie um Aufträge kümmern, sondern wurde damit förmlich bombardiert. Der

Casting-Director für die „Drei Musketiere“ stattete dem Stall einen Besuch ab und war begeistert von Lord, denn er suchte und benötigte ganz dringend Schimmel. Ich nahm mir für die Dreharbeiten extra Urlaub, und nachdem Lord seine Feuertaufe bestanden hatte, ihn also weder das Reisen zu den Drehorten noch die Dreharbeiten selbst irritierten oder stressten, waren wir dabei. Lord fand großen Spaß an der willkommenen Abwechslung und war mit Feuereifer bei der Sache. Dies war sicherlich ein außergewöhnlicher Glücksfall.

Doch selbst für Reiter ohne Beziehungen gibt es Möglichkeiten, einen Job beim Film oder Fernsehen zu ergattern. Allerdings muss man umsichtig bei der Suche vorgehen. Wer im Internet nach Casting-Agenturen sucht, wird rasch fündig. Es wimmelt nur so von Anbietern, die vor allem hübsche und lernfreudige Hunde suchen, aber auch Katzen, Papageien und eben Pferde sind gefragt. Bevor man sich bei diesen Casting-Agenturen anmeldet, sollte man sich nach deren Erfolgen erkundigen: Für welche Filme oder Werbungen haben sie schon Tiere zur Verfügung gestellt? Mit welchen TV-Anstalten arbeiten sie zusammen? Leider besteht die Gefahr, dass sich auch Abzocker unter den zahlreichen Anbietern befinden. Viele verlangen beim so genannten Casting vorab Fotos, die ein bestellter Profi macht und die dementsprechend teuer sind. Oft ist die ziemlich hohe Rechnung für diese Casting-Fotos das Einzige, das man von den Casting-Agenturen danach noch hört. Daher ist dringend Vorsicht geboten.

Auch für Gespannfahrer bietet sich beim Film ein interessantes Betätigungsfeld. Foto: Schmelzer

Wer sein Glück beim Film oder beim TV versuchen will, kann auch diverse TV-Sender anschreiben – selbstverständlich mit Fotos vom zukünftigen Filmstar – und nachfragen, ob Bedarf besteht. Die meisten Fernsehanstalten verfügen über ihre eigenen Casting-Agenturen und beauftragen nur in Ausnahmefällen Außenstehende. Ansonsten muss man ganz einfach Augen und Ohren offen halten. In Tageszeitungen wird häufig über neue TV- oder Filmproduktionen berichtet, dort kann man einfach anfragen, ob Pferde benötigt werden. Mit ein bisschen Glück ergattert man einen Auftrag. Und wer einmal dabei war und sich bewährt hat, der wird auch wieder gefragt.

➲ Wie viel kann ich verdienen?

Lord und ich verdienten für unseren Einsatz umgerechnet rund 4000 Euro . Dabei erhielt Lord pro Tag eine höhere Gage als ich; oftmals war ich als Reiter gar nicht gefragt, sondern wurde nur als Betreuer bezahlt. Amerikanische Produktionen sind sicherlich großzügiger als deutsche, weil sie über ein höheres Budget verfügen. Doch ein Lohn von 100 Euro pro Tag für das Pferd und etwa 50 bis 80 Euro für den Reiter sind heute eigentlich üblich. Das Problem ist nur, dass die Einkünfte äußerst unregelmäßig sind. Es wird nicht ständig gedreht, daher kann es zu langen Phasen der Untätigkeit kommen, ein Schicksal, das man mit vielen renommierten Schauspielern teilt.

Viel öfter noch als Reitpferde sind Kutschpferde gefragt. Wer also ein solches Gespann eventuell mit eigenem, vielleicht auch noch historischem Wagen besitzt, der sollte sich ebenfalls bei den Casting-Agenturen der TV-Sender melden!

Hoppla, jetzt komm ich: Showreiter

Bereits Ende der 50-er Jahre wurden die berühmten Sisi-Filme mit der legendären Romy Schneider produziert und erwiesen sich als anhaltende Publikumsrenner. In Wien hingegen entdeckte man erst vor einigen Jahren die Popularität der Kaiserin Sisi und beschloss endlich, diese zu vermarkten. Im Jahr 1998 kam man dabei auf die Idee, Sisi, die eine leidenschaftliche Reiterin war, in den Gärten von Schönbrunn wieder auferstehen zu lassen. Gesucht wurden Reiterinnen mit möglichst hübschen Pferden, die in historischen Kostümen auf Damensätteln in Schönbrunn jedes Wochenende lustwandeln sollten, zur Freude der Besucher und der Touristen. Keine Frage, Lord und ich waren dabei.

Ich weiß bis heute nicht, warum mein Pferd mühelos im Damensattel zu reiten war. Als Schulpferd konnte er diese Technik nicht erlernt haben. Doch sobald ich im Damensattel auf ihm thronte (übrigens keine so angenehme Erfahrung für meinen Rücken), wusste Lord genau, was zu tun war. Er verstand jedes meiner Kommandos, inklusive Links- und Rechtsgalopp. Bevor wir engagiert wurden, mussten wir uns einem Casting stellen. Schließlich wurden zehn Reiterinnen auserwählt, die an den Wochenenden jeweils einen halben Tag lang als Sisi verkleidet durch Schönbrunn ritten. Das Tempo war selbstverständlich uns überlassen. Pro Tag, der vier Stunden dauerte, erhielten wir umgerechnet 45 Euro Natürlich war dieses Ereignis ein

Showreiter sind bei zahlreichen Veranstaltungen gefragt. Mit Fantasie und etwas Übung hat man bald eine kleine Nummer einstudiert. Foto: Rabeder/Ortner

Glücksfall, und ich erfuhr nur zufällig von dem stattfindenden Casting. Den Damensattel konnte ich mir bei einer Freundin leihen. Für Lord und für mich war es eine schöne Abwechslung. Wir wurden fleißig von den Besuchern fotografiert, so fleißig, dass ich leider vergaß, selbst ein Erinnerungsfoto zu schießen.

Derartige Events waren damals noch die Ausnahme. Heute finden immer wieder kleinere und größere Veranstaltungen statt, für die Pferde und Reiter gesucht und für ihren Auftritt dementsprechend entlohnt werden. Ein Freund von mir nimmt regelmäßig während der Sommermonate als Statist an Karl-May-Festspielen teil; eine andere Bekannte reitet häufig mit ihrem prächtigen Friesenhengst auf diversen, im Jahresrhythmus stattfindenden Festen. Auch Mittelalterspektakel, Westernshows und Pferdemessen erfreuen sich immer größerer Beliebtheit und finden überall im Land statt. Das ist die Gelegenheit für all jene, die Abenteuer und Abwechslung suchen und einen mehr oder weniger hohen Nebenverdienst.

➲ Was ist zu tun?

Showreiter führen bei unterschiedlichsten Veranstaltungen ihre Künste vor. Es gibt unzählige Gelegenheiten und ebenso unterschiedliche Ansprüche. Allerdings ist zu bedenken, dass die Konkurrenz nicht schläft. Daher gilt es Eigeninitiative zu ergreifen und kreativ zu sein.

Showreiter und solche, die es werden wollen, müssen zunächst ihre eigene Fantasie und ihren Einfallsreichtum einbringen und in vielen Fällen auch finanziell investieren. Teilnehmer an einem Ritterspektakel beispielsweise schneidern die Kostüme für sich und ihre Pferde selbst oder lassen sie schneidern, ebenso bringen sie sich die Kunst, vom Pferd zu fallen selbst bei. Nicht anders ergeht es den barocken Reitern mit Friesen oder Andalusiern. Am einfachsten hat es da noch der Westernreiter: Sein Kostüm ist seine Reitausrüstung.

Showreiter müssen sich auch selbst um ihr Engagement bemühen: entweder bei Theaterproduktionen mit fixem Gehalt oder für Showeinlagen bei Festen. Die meisten Showgruppen suchen immer wieder neue Mitglieder, oder man kann selbst eine Gruppe gründen und organisieren. Zum Selbstmanagement gehört es, einen Sponsor zu finden, ein Programm zusammen zu stellen und schließlich bei Veranstaltern nachzufragen, ob die Darbietungen erwünscht sind. Bei den Investitionen müssen auch die Kosten für die Anreise und Aufenthalte, also Einstellkosten für das Pferd sowie Kost und Logis für die Reiter, einkalkuliert werden.

➲ Welche Ausbildung ist notwendig?

Neulich besuchte ich ein Mittelalterfest in der Umgebung Wiens und wurde Zeuge einer atemberaubenden Show. Wackere Reiter hatten sich als Ritter verkleidet und simulierten ein mittelalterliches Turnier, bei dem sie einander mit langen Lanzen von ihren Pferden warfen. Wer sich trotz dieser Widerstände bis zum Schluss im Sattel hielt, bekam als Lohn für die Mühe einen Lorbeerkranz überreicht, den er seiner Auserwählten schenkte. Als ich anschließend mit einem der „Ritter" sprach, stellte ich fest, dass er weder ein professioneller Stuntman noch ein Akrobat war. Er war ein Reiter wie viele andere und hatte sich die Handhabung der Lanze und den Fall vom seinem Pferd selbst beigebracht. Hilfreich dabei war ihm jedoch seine Judoausbildung. Im Hauptberuf war er Koch in einem Hotel.

Die farbenprächtigen Kostüme von Reiter und Pferd für ein Ritterspektakel muss man meist selbst schneidern (lassen). *Foto: Slawik*

Wo also lernt man, im Damensattel zu reiten? Wo wird man zum Stuntreiter ausgebildet, der möglichst geschmeidig vom Pferd fällt? Wie bringt man dem Pferd auf Kommando bei zu grüßen, umzufallen oder sich hinzulegen? Tatsächlich gibt es vereinzelt Kurse, in denen diese Fähigkeiten gelehrt werden, doch sind diese in der Minderheit, und man muss oft lange in der Fachpresse suchen, bevor man fündig wird. Daher ist man wieder einmal auf sich alleine gestellt.

Lord war klug genug, meine Versuche im Damensattel richtig zu interpretieren und entsprechend zu reagieren, nur ich hatte anfangs Mühe, auf dem unbequemen Sattel im Gleichgewicht zu blei-

Die österreichische Friesen-Showgruppe „Moments in Black" bei einem ihrer Auftritte vor dem Wiener Rathaus. Foto: Moments in Black

ben. Die meisten Showreiter müssen sich ihre Kunst selbst beibringen. Ich will hier niemanden dazu inspirieren, den Fall vom Pferd zu üben. Aber es gibt tatsächlich begabte Reiter, denen diese Übung Vergnügen bereitet und die sie perfektionieren. Doch auch weniger Begabte können Fertigkeiten für das Showreiten erlernen: Das Westernreiten bietet schon in seiner ursprünglichen Form eine Menge an Show-Elementen, beim Quadrille-Reiten kann jeder mitmachen, und wer einen Damensattel auftreiben kann, sollte diese Reitweise unbedingt einmal ausprobieren. Bei vielen Veranstaltungen genügen jedoch bereits eine gut einstudierte Quadrille, schöne Pferde und Kostüme, um das Publikum in Verzückung zu versetzen.

➲ Wie realisiere ich den Job?

Showreiter müssen sich, zumindest bis sie sich einen Namen gemacht haben, selbst um ihre Engagements bemühen. Das Internet und diverse Fachzeitschriften leisten hier entsprechende Dienste. Es gibt Internetseiten, die auf mittelalterliche Feste spezialisiert sind, und andere, die sich ganz den Western-Festspielen verschrieben haben. Die Fachpresse berichtet immer wieder über Pferdemessen oder Pferdefeste. Auch barocke oder rein spanische Pferdefeste werden regelmäßig annonciert oder über entsprechende Homepages beworben.

Allerdings muss man sich rechtzeitig – wenigstens vier bis sechs Monate vor dem Event – bei den Veranstaltern melden. Wem diese Angebote nicht zusagen, der kann, vor allem, wenn er erst beim Aufbau des Showprogramms ist, selbst ein Event im eigenen Stall oder in der Gemeinde organisieren.

➲ Wie viel kann ich verdienen?

Der Verdienst eines Showreiters hängt von der Art seiner Darbietung, von der Veranstaltung und davon ab, wie viel er vorab in seinen Act investiert hat. Wer das Glück hat, für Theaterauftritte, Winnetou-Spiele, Musicals und Ähnliches engagiert zu werden, erhält eine Fixgage ab 80 Euro pro Auftritt aufwärts. Wer seine Spektakel selbst inszeniert und Auftritte bei unterschiedlichen Veranstaltungen einwirbt, darf nach Abzug der Investitionen mit 120 bis 150 Euro pro Auftritt rechnen. Deshalb ist es so wichtig, Sponsoren zu finden.

Große Reichtümer kann man als Showreiter sicher nicht anhäufen (außer man wird zum Spitzenstar), doch wer die Mühe nicht scheut und Spaß an der Sache hat, wird nicht nur mit Geld, sondern auch mit Applaus und Bewunderung belohnt.

Für viele Veranstaltungen werden übrigens immer wieder Kutschpferde oder Gespanne gesucht: für Hochzeiten, Umzüge, immer häufiger sogar für Begräbnisse. Das ist ebenfalls eine Gelegenheit, sich zu engagieren!

Interview mit Barbara Simon und Alexandra Tröster von der Friesenshow „Moments in Black“

Barbara, du hast mit zwei Freundinnen die Showgruppe „Moments in Black“ gegründet. Wie bist du auf die Idee gekommen?

Barbara: Ich habe schon immer Friesenpferde geliebt, und als ich mit meinem Pferd Blacky einen Kurs gemacht habe, durfte ich auch bei einem Showauftritt dabei sein Da habe ich sozusagen Blut geleckt. Später folgten Bühnenauftritte beim Kinderstück Dornröschen und dann beim Musical „Tanz der Vampire“ in Wien. Wer einmal den Applaus hört, will immer mehr davon. Und so habe ich mit drei Freundinnen, von denen eine leider bald wieder ausstieg, „Moments in Black“ gegründet.

Aber ihr wart ja dann nur zu dritt?

Barbara: Ja. Deshalb haben wir überall andere Friesenbesitzer gesucht und gefragt, ob sie bei uns mitmachen wollen. Jetzt sind wir zwölf Stammreiter, haben aber immer jemanden in Reserve, wenn ein Pferd oder ein Reiter ausfällt.

Was bietet ihr in euren Shows?

Alexandra: Wir haben uns barocke Kleider schneidern lassen und führen in diesen Kostümen vor allem Quadrillen vor. Dann natürlich auch noch Zirkuslektionen: Hinlegen, Spanischer Gruß und Schritt und anderes.

Habt ihr euch das selbst beigebracht?

Barbara: Ab und zu finden Kurse statt, in denen Zirkuslektionen unterrichtet werden. Man muss nur die Anschläge beachten oder Inserate in der Fachpresse. Die Quadrillen denken wir uns selbst aus, ebenso die Musik dazu, die wir selbst zusammenstellen.

Das heißt, ihr opfert viel Freizeit dafür?

Alexandra: Ja, sicher. An den Wochenenden hecken wir stets etwas Neues aus; für die wirklich großen Veranstaltungen müssen wir sogar Urlaube nehmen. Leider haben nicht alle Männer Verständnis für unsere Arbeit.

Und die Kostüme schneidert ihr selbst?

Barbara: Nein, ich kann das nicht. Ich habe sie mir machen lassen. Ich habe einen ganzen Kasten davon, weil ich so gerne verschiedene Kostüme trage. Aber natürlich kann man sie immer wieder verwenden.

Du investierst also auch Geld in dein Hobby?

Barbara: Ja, deshalb war es wichtig für uns, Sponsoren zu finden.

Wie habt ihr das angestellt?

Barbara: Nun, Sandra zum Beispiel arbeitet in einer Bank und hat dort gefragt, ob sie unsere Truppe sponsern möchte. Als Gegenleistung müssen wir für die Bank Werbung machen, zum Beispiel Plakate oder Aufkleber an unseren Transportern und Hängern. Wir haben auch eine Apotheke als Sponsor gefunden, und bei einem unserer Auftritte trugen wir alle T-Shirts mit dem Logo der Apotheke. Dann haben wir noch einen Futtermittelhersteller und einige andere.

Wie kommt ihr zu euren Engagements?

Alexandra: Die meisten Events finden jährlich statt. Wir haben einfach bei den Veranstaltern nachgefragt, ob sie uns haben wollten. Die meisten haben akzeptiert, und da wir Gefallen fanden, kommen wir regelmäßig zu den Messen oder Festen.

Was war euer tollster Auftritt?

Barbara: Das war die Weltmeisterschaft im Quadrillereiten mit 64 Friesenpferden.

Mit 64 Pferden?

Barbara: Ja, ich hatte in den Friesen-News gelesen, dass der momentane Weltrekord, der in der Schweiz aufgestellt worden war, bei 32 Pferden lag. Da habe ich sofort beschlossen, den zu überbieten. Wir haben überall per Inserat Mitreiter gesucht, 70 Pferde und Reiter haben zugesagt, 64 kamen letztendlich. Das Spektakel fand am 19. Oktober 2003 in der Steiermark in Österreich statt und war ein Riesenereignis. Wir haben die Presse eingeladen, VIPs, Prominente und offizielle Zeugen. Die haben dann mit einem Zertifikat bestätigt, dass wir nun mit 64 Pferden den neuen Weltrekord errungen haben. Es waren auch viele Hengste darunter, die sich alle einwandfrei benommen haben. Jetzt stehen wir im Guinness Buch der Rekorde.

Zahlt sich euer Einsatz auch aus? Wie viel verdient ihr mit euren Auftritten?

Barbara: Das ist unterschiedlich. Wenn wir mit den Pferden nicht übernachten müssen und die Anreise nur kurz ist, ist der Gewinn natürlich höher. Bei anderen Events in den Bundesländern müssen wir die Anfahrts- und Aufenthaltskosten mit einkalkulieren. Eine unserer Mitgliedsdamen fungiert sozusagen als Buchhalterin. Allerdings kennen uns viele Veranstalter schon und verlangen nur geringe Einstellgebühren für die Pferde, das hilft uns natürlich enorm. Im Durchschnitt machen wir so viel Gewinn, dass für jeden pro Auftritt rund 150 Euro übrig bleiben.

Und wie viele Auftritte macht ihr pro Jahr?

Alexandra: Oh viele, mindestens zehn oder zwölf, hauptsächlich in der Saison zwischen April und Oktober Den Winter nutzen wir dann, um zu üben und uns neue Programme auszudenken.

Die Sieger: Turnierreiter

Wann immer wir im Fernsehen oder bei Live-Turnieren der Sportelite zusehen, keimt in uns der Wunsch, diesen Größen nachzueifern. Preise einzuheimsen oder gar an internationalen Wettbewerben teilzunehmen ist der Traum vieler Reiter. Doch es ist ein mühevoller, langer und vor allem kostspieliger Weg dorthin. Wer sich als Turnierreiter etablieren will, kann nur langsam die Karriereleiter empor klettern: ein Turnier nach dem anderen, eine Prüfung folgt der anderen. Und der Geldaufwand ist enorm. Turnierreiter müssen zunächst einmal viel investieren, bevor sich ihr Einsatz im wahrsten Sinne des Wortes auszahlt. Bei jedem Turnier ist ein Nenngeld, bei jeder Prüfung sind Taxen zu leisten. Dazu kommen noch die Ausgaben für Trainerstunden, Ausrüstung, Anreise und Aufenthalt und nicht zu vergessen für die Anschaffung eines Sportpferdes. Nicht jedes Tier eignet sich für den Spitzensport, selbst wenn uns dies viele windige Händler glauben machen wollen. Wer auf Turnieren punkten will, braucht unbedingt das geeignete Pferd. Daher gilt es: Augen auf beim Ankauf!

Wer sich als Turnierreiter etablieren will, muss zunächst einmal viel investieren.
Foto: Slawik

➲ Was ist zu tun?

Es bieten sich unzählige Möglichkeiten und Veranstaltungen, aus denen der zukünftige Turnierreiter wählen kann. Es gibt Dressurturniere nach der klassischen englischen Reitweise, Springturniere, Westernturniere und Trail, Vielseitigkeit, Military und so weiter.

Die meisten Reiter werden sich wohl für klassische Turniere entscheiden. Doch selbst da finden sich noch Unterschiede: Dressurreitprüfungen, bei denen man sich auf Sitz und Einwirkung des Reiters konzentriert; Dressurpferdeprüfungen, wo das Tier im Mittelpunkt steht, Stilspringprüfungen und anderes mehr. Sämtliche Turnierarten und Regeln der FN sind in der LPO (Leistungsprüfungsordnung) und in der österreichischen Turnierordnung (OTO) aufgelistet. Darin wird auch die Karriereleiter, die es zu erklimmen gilt, erläutert.

Wer Glück hat und hart arbeitet, kann auf Turnieren neben diversen Pokalen durchaus auch reizvolle Preisgelder gewinnen. Foto: Slawik

➲ Welche Ausbildung ist notwendig?

Egal für welche Turnierart man sich entscheidet, stets muss der Reiter unten beginnen, das heißt, er kann bei Turnieren der Kategorie C starten. Um diese absolvieren zu können, muss man nicht einmal den Reitpass besitzen. Voraussetzung ist lediglich die Mitgliedschaft in einem von der FN anerkannten Reitverein. Diese lizenzfreien Wettbewerbe sind die beste Möglichkeit, sein Talent und die Eignung seines Pferdes zu testen. Wer sich bewährt, kann durch Prüfungen und durch weitere Turniererfolge von der Leistungsklasse 2 (Leistungsklasse 2 für Amateure) zur Leistungsklasse 1 bis hin zum Open (Offene Leistungsklasse, in der die professionellen Turnierreiter starten) aufsteigen. Entscheidend dafür ist – neben den diversen Reitabzeichen – die erreichte Punkteanzahl auf den Turnieren. Die Tätigkeit als Turnierreiter ist daher die Ausbildung.

➲ Wie realisiere ich den Job?

Ein Turnierreiter muss sich selbstverständlich nicht um Kunden kümmern. Er macht seinen Job ganz einfach, indem er an Turnieren teilnimmt.

➲ Wie viel kann ich verdienen?

Erfolgreiche Turnierreiter, die auch an internationalen Wettbewerben teilnehmen, haben natürlich die Chance viel Geld zu gewinnen oder die tollsten Preise wie Autos und Reisen zu ergattern. Um dieses Ziel zu erreichen, bedarf es jedoch eines Spitzenpferdes und – was im Sport immer wichtiger wird – eines großzügigen Sponsors.

Doch auch der kleine Turnierreiter kann mitunter interessante Preise erringen. Bei landes- oder bundesweiten Wettbewerben sind oft reizvolle Preisgelder ausgesetzt, die nicht zu verachten sind. Wer Glück hat, kann also durchaus mit seinem Pferd auf Turnieren zu Geld kommen.

Das Geld alleine sollte jedoch nicht die ausschlaggebende Motivation für diesen Beruf sein. Tatsächlich ist es meist so, dass Turnierreiter mehr investieren müssen, als sie jemals verdienen können. Als Nebenjob ist der Pferdesport daher nur bedingt geeignet. Viel mehr stehen Faktoren wie persönlicher Ehrgeiz, das Wohlergehen des Pferdes und vor allem Spaß an der Sache im Mittelpunkt.

Epilog:
Da war noch was!

Kein Reiter und kein Pferd muss aus Langeweile versauern: Alles, was zu tun bleibt, ist etwas zu tun!
Foto: Schmelzer

Was bleibt also noch zu sagen oder zu tun? Ganz einfach: Etwas zu tun!

Ich kenne unzählige Reiter, die jahraus jahrein mit ihren Pferden im Stall versauern: immer dieselben Ausritte, immer dieselben Lektionen in der Halle oder im Viereck, keine Abwechslung und letztendlich keinen Spaß mehr an einem schönen Hobby. Doch Abwechslung ist die Würze unseres Lebens – und des Lebens unserer Pferde. Ein Pferd, selbst wenn oder gerade weil es noch so gut ausgebildet ist, benötigt Anregung, Herausforderungen und Spaß am Leben.

Wie ich hoffentlich aufgezeigt habe, gibt es viele Möglichkeiten diese Abwechslung auch zu finden, zum einen für den Reiter oder Pferdeliebhaber, zum anderen für dessen vierbeinigen Freund. Man muss sie nur ergreifen, je nach Neigung, Ehrgeiz und je nach Pferd! Wichtig ist jedoch stets, dass bei allem Eifer niemals das Wohl des Tieres außer Acht gelassen wird. Nicht jedes Pferd ist für den Sport geeignet und nicht jedem Pferd macht es Spaß in Filmen mitzuwirken oder in Shows aufzutreten. Wer mit seinem eigenen Pferd Geld verdienen will, darf nie vergessen, dass es beiden Spaß bereiten soll: dem Reiter und dem Pferd.

Spaß an der Sache wünsche ich auch all jenen Pferdenarren, die nicht selbst stolze Pferdebesitzer sind. Auch ihnen bieten sich unzählige Möglichkeiten, mit ihrem Hobby Geld zu verdienen und an diesen Aufgaben zu wachsen und Erfahrungen zu sammeln. Darüber hinaus sind sie ohne Pferd flexibler und müssen sich nicht über Einstellkosten oder Transporte den Kopf zerbrechen.

Es gilt nur, etwas zu tun und sich in ein neues Abenteuer zu stürzen. Viel Glück dabei!

Eine Danksagung ist eine Danksagung ...

... doch mich bei all den Pferden und allen Freunden bedanken zu wollen, die mir mein wunderbares Reiterleben ermöglicht haben und ermöglichen, würde wohl einige Seiten füllen. Daher möchte ich mich auf jene beschränken, die zur Entstehung dieses Buches beigetragen haben.

Mein Dank gilt zuallererst Sonja, sie weiß schon wofür! Weiters danke ich Michi Staudinger sowie Barbara Simon und Alexandra Tröster für die Zeit, die sie mir für Interviews geschenkt haben, und für die Fotos von „Moments in Black“. Nicht zuletzt bedanke ich mich sehr herzlich bei meiner Lektorin Brigitte Millán-Ruiz für ihre freundliche und unermüdliche Unterstützung.

Mein Pferd Lord weilt leider nicht mehr unter uns. Ohne ihn wären viele wunderbare Erfahrungen nie möglich gewesen und ohne ihn gäbe es dieses Buch wohl nicht. Ich hoffe, im Jenseits gibt es auch Platz und eine saftige Weide für Pferde.

Literaturhinweise

Für Pferde-Näherinnen:

- Gobl, C. u. Tollkötter-Büttner, H.
  Pferdesachen zum Selbermachen
  Franckh-Kosmos Verlag, Stuttgart 2004

Für Koppelgärtner:

- van Damsen, B.
  Der Weideratgeber
  Cadmos Verlag, 2004

Für Eventmanager:

- Elsner, I.
  Spiele mit dem Pferd
  BLV Verlag, München 2003

- Ettl, R.
  Reiterspiele und Allroundturniere
  Cadmos Verlag, Lüneburg 2001

- Oese, E.
  Quadrillen-Reiten
  FN-Verlag, Warendorf 1992

- Stegmann, H.
  Handbuch: Jagdreiten
  FN Verlag, Warendorf 1999

Für Reitlehrer:

- Ausbildungs- und Prüfungsordnung (APO)
  FN-Verlag, Warendorf 2002

- Gast, U. u. Rüsing-Brüggemann, B.
  Reitenlehren Lernen
  FN-Verlag, Warendorf 1999

- Gast, U. u. Ahsbahs, B.
  Ausbilden – Betreuen –
  Coachen im Pferdesport
  FN-Verlag, Warendorf 1999

Für Pferdepsychologen:

- Hempfling, K. F.
  Mit Pferden tanzen
  Franckh-Kosmos Verlag, Stuttgart 2001

- Welz, H.
  Pferdeflüstern kann jeder lernen
  Franckh-Kosmos Verlag, Stuttgart 2002

Für Hippotherapeuten:

- Hoffmann, S.
  Das Therapiepferd
  Kretzschmar Verlag, Münster 1999

- Kaune, W.
  Heilpädagogisches Voltigieren und Reiten
  mit geistig behinderten Menschen
  FN-Verlag, Warendorf 1993

- Vogel, H.
  Das Pferd als Partner des Behinderten
  Müller-Rüschlikon Verlag, 1987

- Schwaiger, S. E.
  Persönlichkeitstraining mit Pferden
  Franckh-Kosmos Verlag, Stuttgart 2001

- Von Rüst McCormick, A. u. McCormick, M.
  Pferde als Heiler
  Econ TB. Düsseldorf 2000

Für Wanderrittführer:

- Claus, R.
  Handbuch: Wanderreiten
  Olms Presse, Hildesheim 1999

- Lange, C.
  Erlebniswelt Wanderreiten
  FN-Verlag, Warendorf 2004

Für Showreiter:

- Borelle, B. und Braun, G.
  Zirkusschule
  Franckh-Kosmos Verlag, Stuttgart 2004

- Ettl, R.
  Falltraining für Reiter
  Silver Horse Sachbuch, 2005

Für Turnierreiter:

- Leistungsprüfungs-Ordnung (LPO)
  FN-Verlag, Warendorf 2005

- Busch, C. L.
  So werde ich Turnierreiter
  Cadmos Verlag, Lüneburg 2001

Wichtige Websites

Allgemeines:

- www.fena.at
  Österreichischer Landesfachverband für Reiten und Fahren

- www.fn.de
  Deutsche Reiterliche Vereinigung

- www.VFDnet.de
  Vereinigung der Freizeitreiter und -fahrer in Deutschland e. V

Für Eventmanager:

- www.horseball.at
  Österreichischer Fachverband für Horseball

- www.horseball.de
  Deutscher Fachverband für Horseball

Für Tierpsychologen:

- www.atn-ag.ch
  Akademie für Tierheilkunde, Fernstudium, Schweiz

- www.tierpsychologie-online.de

- www.tierheilpraktiker-ausbildung.de

- www.heilpraktikerschule-Wuppertal.de

- www.atm.de

Für Tierheilpraktiker:

- www.equinus.de

- www.paracelsus.de

- www.equo-vadis.de

- www.koelnerpferdeakademie.de

- www.tteam.de

Für Hippotherapeuten:

- www.oktr.at
  Österreichisches Kuratorium für therapeutisches Reiten

- www.biber.salzburg.at/behindertenreiten.htm

- www.dkthr.de
  Deutsches Kuratorium für therapeutisches Reiten

Für zukünftige Filmstars:

- www.tiercasting-deutschland.de

- www.tiercasting-cologne.de

- www.tier-star.de

- www.filmpark.de

- www.haustier-casting.de

- www.wdr.de

Für Showreiter:

- www.karl-may-spiele.at
  Winnetouspiele in Gföhl/Österreich

- www.karl-may-festspiele.at
  Winnetouspiele in Kärnten/Österreich

- www.momentsinblack.at
  Österreichische Friesenshow

- www.karl-may-spiele.de
  in Bad Segeberg/Deutschland

- www.elspe.de
  Westernreitspiele

- www.karfunkel.de
  Veranstaltungskalender für Mittelalterspektakel